SUR LA TERRE COMME AU CIEL

JORGE BERGOGLIO
ABRAHAM SKORKA

SUR LA TERRE COMME AU CIEL

La famille, la foi, le rôle de l'Église au XXIe siècle : les convictions du pape François

Traduit de l'espagnol
par Abel Gerschenfeld et Anatole Muchnik

ROBERT LAFFONT

Édition originale réalisée sous la direction de
Diego F. Rosemberg

ISBN : 978-2-221-13790-1
(édition originale ISBN 978-950-07-3293-2, Editorial Sudamericana, Buenos Aires)

Le dialogue comme une expérience

par Abraham Skorka

«Et Dieu leur dit[1]...» C'est le premier dialogue dont témoigne la Bible. Et la créature à laquelle s'adresse ainsi le Créateur, c'est l'être humain. Il est évoqué aussi dans la Genèse que l'individu se caractérise par son aptitude particulière à entretenir des rapports avec la nature, avec son prochain, avec lui-même et avec Dieu.

En nouant ce type de liens, l'homme ne crée pas des compartiments étanches et indépendants les uns des autres. Son rapport à la nature jaillit de l'observation et de l'interprétation de ce qui est observé; celui à son prochain, des passions et des expériences vécues, et celui à Dieu du plus profond de son être, alimenté par ceux qui précèdent et comme une conséquence de son dialogue avec lui-même.

Le vrai dialogue exige que l'on s'efforce de connaître son interlocuteur et de le comprendre. Il

1. Genèse 1:28. Nous avons pris deux traductions de la Bible pour référence : la Bible en français courant (1997) et la Nouvelle Bible Segond (2002), de la Société biblique française. Voir www.lire.la-bible.net. (*N.d.T.*)

définit l'existence même de l'être pensant, ainsi que l'exprime – à sa manière – Ernesto Sábato dans le prologue de *Uno y el universo*[1] : «On s'embarque pour des terres lointaines, ou on s'efforce de connaître des hommes, ou on se met en quête de la nature, ou on cherche Dieu ; puis on se rend compte que le fantôme qu'on poursuivait, c'était soi-même.»

Dans le dialogue avec son prochain, les mots ne sont que des véhicules de communication dont le sens n'est pas toujours le même, y compris pour les membres d'une société qui parlent la même langue. Des nuances existent, chacun attribuant les siennes au nombre de mots qui composent le patrimoine de la langue. Le dialogue exige de ses acteurs qu'ils se découvrent mutuellement.

«L'âme est la lampe que le Seigneur donne à l'homme : elle éclaire les profondeurs de son être»[2]. Dialoguer, au sens le plus profond, c'est rapprocher son âme de celle de l'autre, afin de révéler et d'éclairer ce qu'il y a en lui.

Dès l'instant où l'on atteint un tel niveau de dialogue, on voit à quel point on ressemble à l'autre. Nos problématiques existentielles sont les mêmes, avec leurs exigences et leurs multiples façons de se résoudre. L'âme de l'un est le reflet de celle de l'autre. Le souffle divin qui habite l'un converge alors avec celui de l'autre pour tisser un lien qui jamais ne faiblira, car il est dit : «La corde à trois brins ne se rompt pas vite[3].»

1. Édition définitive, Seix Barral, Buenos Aires, 1995.
2. Proverbes 20:27.
3. Ecclésiaste 4:12.

Le cardinal Bergoglio et moi avons partagé de nombreux moments de rapprochement et de découverte mutuelle, ils constituent un long parcours de rencontres aux caractéristiques et aux circonstances diverses.

Un jour, nous avons pris rendez-vous dans le seul but de discuter. Il serait question de la vie en général, sous ses multiples facettes : la société argentine, les problèmes du monde, les manifestations de bassesse et de grandeur auxquelles nous assistions. Le dialogue se tiendrait dans la plus stricte intimité, si ce n'est Sa présence à Lui, qui, bien que nous ne Le nommions pas à tout bout de champ (est-ce bien nécessaire ?), se faisait constamment sentir.

Nos rendez-vous se sont multipliés, chacun autour d'un thème particulier. Lors de l'une de ces rencontres, dans les locaux de ma communauté, je lui ai commenté un à un les documents encadrés qui ornent le mur de mon bureau. Je m'attardais sur des pages manuscrites du rabbin Abraham Joshua Heschel, le célèbre penseur, et d'autres précieux documents, mais mon ami s'était arrêté devant le texte de la salutation qu'il avait lui-même prononcée à la synagogue quelques années auparavant, à l'occasion du début de la célébration du nouvel an hébreu, accroché à côté de celui de Heschel. Affairé à ranger un peu l'éternel désordre qui règne dans ce lieu, je l'ai vu qui s'immobilisait devant ces pages signées et datées de sa propre main.

Ça m'a intrigué. Que pouvait-il bien se passer dans sa tête à ce moment précis ? Qu'avait donc de si particulier le fait d'avoir conservé et affiché un document qui m'apparaissait comme un témoignage précieux de dialogue interreligieux ? Je ne le lui ai pas demandé. Il est des silences qui exhalent un parfum de réponse.

Quelque temps plus tard, nous nous sommes revus à l'archevêché. La conversation nous a conduits à évoquer le sentiment religieux dans la poésie hispano-américaine. Il m'a dit : « Je possède une anthologie en deux volumes sur le sujet, je peux vous la prêter, attendez-moi, je vais la chercher à la bibliothèque. » Resté seul dans son petit bureau, j'ai parcouru du regard les photos qui lui tenaient compagnie au quotidien. Je me suis dit qu'il devait s'agir de personnes qu'il aimait beaucoup, de gens importants à ses yeux. Soudain, j'ai aperçu dans le lot, encadrée, une photo prise lors d'une de nos rencontres, pour laquelle nous avions posé ensemble, et que je lui avais offerte.

Touché, je n'ai rien dit. J'avais la réponse au silence précédent.

C'est lors de cette rencontre que nous avons décidé d'écrire ce livre.

Le rabbin, lors de son instruction, passe un pacte particulier avec Dieu, puisque, comme enseignant de la Loi, le devoir lui échoit plus qu'à tout autre juif d'en être un modèle. Mais une fois en exercice, c'est aux hommes qu'il doit son engagement avec Dieu. À la façon des prophètes, après des moments solitaires d'élévation spirituelle, il doit retourner parmi les gens et dispenser ses enseignements à partir de la spiritualité qu'il a acquise. Car les dimensions spirituelles atteintes individuellement ne trouvent leur sens, selon les récits bibliques, que lorsqu'elles sont partagées avec le plus grand nombre.

La parole est sans doute le mode de communication préféré des rabbins, mais le défi d'en affiner les termes et de les coucher par écrit est toujours là. Les mots qu'on prononce se déforment ou perdent de leur force avec le temps. Une fois sur le papier, les idées demeurent, elles constituent un témoignage et deviennent accessibles à tous.

Je partage avec le cardinal Bergoglio ces deux enseignements. Le thème central de nos conversations, la préoccupation essentielle sous-jacente, a toujours été l'individu. Pour nous, la spontanéité orale prime habituellement sur la structuration de l'écrit. Pour cette raison, le fait de retranscrire dans un livre l'intimité de nos dialogues a été un geste d'union avec notre prochain, quel qu'il soit. Une façon d'élargir un dialogue privé au plus grand nombre, de mettre son âme à nu, en acceptant tous les risques que cela comporte, mais avec la conviction profonde que c'est la seule voie de connaissance de l'humain, celle qui est susceptible de nous rapprocher de Dieu.

Le frontispice comme miroir

par Jorge Bergoglio

Dans l'un de ses écrits, le rabbin Abraham Skorka évoque le frontispice de la cathédrale métropolitaine de Buenos Aires qui représente les retrouvailles de Joseph et de ses frères. Leur accolade intervient après plusieurs décennies de désaccord. Et la première question que Joseph leur pose est : mon père est-il encore vivant ? Cette scène n'a pas été mise là sans motif, au moment précis où s'organisait notre nation : elle représentait la soif de réconciliation des Argentins. Elle témoigne d'un effort pour instaurer une « culture du rassemblement ». Il m'est arrivé à plusieurs reprises d'évoquer la difficulté que nous, Argentins, éprouvons à installer cette « culture du rassemblement » ; nous sommes manifestement davantage séduits par la dispersion et les abîmes qu'a ouverts l'histoire. Nous dressons des murailles au lieu de bâtir des ponts. Ce qui nous manque, ce sont l'accolade, les larmes et la question du père, du patrimoine, des racines de la patrie. Le dialogue nous fait défaut.

Peut-on pour autant affirmer que nous, Argentins,

ne souhaitons pas dialoguer ? Ce n'est pas tout à fait comme cela que je vois les choses. Je crois plutôt que nous sommes victimes d'attitudes qui nous en empêchent : l'autoritarisme, le refus d'écouter, la crispation du langage, les préjugés parmi bien d'autres.

Le dialogue jaillit d'une attitude de respect envers l'autre, d'une conviction que ce dernier a quelque chose d'intéressant à dire ; il suppose que l'on fasse une place dans son cœur au point de vue de son prochain, à son avis et à sa proposition. Le dialogue implique un accueil cordial, pas une condamnation par avance. Pour dialoguer, il faut savoir baisser la garde, ouvrir les portes de sa maison et offrir de la chaleur humaine.

Nombreuses sont au quotidien les barrières qui font obstacle au dialogue : la désinformation, le on-dit, le préjugé, la diffamation, la calomnie. Ensemble, ces réalités dessinent une certaine frénésie culturelle qui étouffe dans l'œuf toute velléité d'ouverture envers les autres. Ainsi se noient le dialogue et le rassemblement.

Mais le frontispice de la cathédrale est toujours là, comme une invitation.

Avec le rabbin Skorka, nous avons su dialoguer, et cela nous a fait du bien. Je ne sais plus comment cela a commencé, mais je me souviens qu'il n'y a eu ni barrières ni réticences. La simplicité authentique de mon interlocuteur a facilité les choses – puisque je lui ai même demandé, après une défaite de River, s'il comptait manger une poule au pot[1].

1. Depuis leur célèbre défaite en finale de la Coupe Libertadores de 1966, les joueurs du club de football River Plate sont qualifiés de poules par les supporteurs des autres clubs. Abraham Skorka est manifestement supporteur de River Plate. (*N.d.T.*)

Quand il m'a proposé de publier certains de nos dialogues, j'ai dit « oui » sans réfléchir. Plus tard, une fois seul, je me suis fait la réflexion que la rapidité de cette réponse tenait au fait que nous avions lui et moi une expérience relativement longue du dialogue, une expérience fertile qui a consolidé notre amitié et témoigne du fait que, malgré nos identités religieuses différentes, nous cheminons ensemble.

Avec Skorka, jamais je n'ai eu à défendre mon identité catholique, pas plus qu'il n'a eu à défendre sa judéité, car non seulement nous nous respectons mutuellement, mais nous partageons une même conception du dialogue interreligieux. Le défi consistait à cheminer avec respect et affection, cheminer en présence de Dieu et en tâchant d'être irréprochables.

Ce livre témoigne de ce cheminement... Je considère Skorka comme un frère et un ami, et il me semble que ni lui ni moi, au fil de ces réflexions, ne cessons de contempler avec les yeux du cœur ce frontispice de la Cathédrale, si éloquent, si riche de promesses.

1

À propos de Dieu

ABRAHAM SKORKA : Nous nous connaissons depuis longtemps, et entre nous s'est forgée une amitié fraternelle. Le Talmud dit que l'amitié réside dans les repas et les moments partagés, mais que l'amitié réelle consiste à pouvoir révéler à l'autre la vérité de son cœur. C'est ce qui s'est produit au fil du temps entre nous. Je crois que la première chose qui nous a réunis, et nous réunit toujours, c'est Dieu. C'est Lui qui a voulu que nos chemins se croisent et nous a permis de nous révéler mutuellement la vérité de nos cœurs. Dans nos discussions, nous avons abordé tout type de sujets, mais jamais nous n'avons explicitement évoqué Dieu. Évidemment, Sa présence était tacite. Il serait bon d'entamer cette rencontre, que nous considérons comme un témoignage de notre dialogue, en parlant de Celui qui signifie tant dans notre existence.

JORGE BERGOGLIO : Quel joli mot, *chemin* ! Dans mon expérience personnelle de Dieu, je ne peux pas faire abstraction du chemin. Je dirais que c'est en cheminant, en marchant qu'on rencontre Dieu ; en Le cherchant et en se laissant chercher par Lui. C'est la rencontre de deux chemins. D'un côté, le nôtre, à Sa recherche, guidés par cet instinct qui vient du cœur. Ensuite, quand survient la rencontre, on s'aperçoit que Lui aussi nous cherchait, depuis plus longtemps encore, qu'Il nous a *devancé*. L'expérience religieuse initiale, c'est celle du chemin : « Va jusqu'au pays que je te donnerai[1]. » C'est la promesse de Dieu à Abraham. Et dans cette promesse, dans ce cheminement, s'établit une alliance qui se consolide avec les siècles. C'est ce qui me fait dire que mon expérience avec Dieu se fait par le chemin, par la recherche, dans le fait de me laisser chercher. Il peut y avoir plusieurs chemins, celui de la douleur, celui de la joie, celui de la lumière, celui de l'obscurité.

AS : Ce que vous dites me fait penser à différents versets de la Bible. Par exemple quand Dieu dit à Abraham : « Marche devant moi et sois intègre[2]. » Ou quand le prophète Michée s'efforce d'expliquer au peuple d'Israël ce que Dieu attend de lui : « Que tu agisses selon l'équité, que tu aimes la fidélité, et que tu marches modestement avec ton Dieu[3]. » Il ne fait aucun doute que l'expérience de Dieu est dynamique, pour reprendre un terme que nous avons appris vous et moi dans les sciences exactes[4]. Mais que pensez-vous que nous puissions dire à l'homme en ces temps

1. Genèse 12:1.
2. Genèse 17:1.
3. Michée 6:8.
4. Abraham Skorka possède un doctorat de chimie et Jorge Bergoglio est technicien en chimie.

où la notion de Dieu est à ce point avilie, éreintée, mal employée ?

JB : Ce qu'il faut dire à tout homme, c'est fondamentalement d'entrer en lui-même. La dispersion est une fracture intérieure, elle ne le conduira jamais à se retrouver soi-même, elle le prive de ce moment qui consiste à se regarder dans le miroir de son cœur. C'est la première graine : se contenir soi-même. C'est là que commence le dialogue. On croit parfois qu'on a réponse à tout, mais ce n'est pas vrai. Je dirais à l'homme d'aujourd'hui qu'il fasse l'essai d'entrer dans sa propre intimité pour éprouver l'expérience, connaître le visage de Dieu. C'est pour cela que j'aime tant ce que dit Job après les épreuves difficiles qu'il a subies et tous ces dialogues qui ne lui ont été d'aucun secours : « Mon oreille avait entendu parler de toi ; maintenant mon œil t'a vu[1]. » Ce que je dis à l'homme, c'est de ne pas connaître Dieu par ouï-dire. Le Dieu vivant est celui que l'on voit de ses yeux, dans son cœur.

AS : Le livre de Job nous offre un grand enseignement, parce que – pour résumer – il dit que nous ne pouvons pas comprendre comment Dieu se manifeste dans les actes individuels. Job, qui était un homme de justice, de droiture, veut savoir pourquoi il a tout perdu, y compris la santé. Ses amis lui expliquent que Dieu l'a puni parce qu'il a péché. Il leur répond que, même s'il a péché, cela n'en méritait pas tant. Job ne s'apaise qu'avec l'apparition de Dieu. Il n'obtient pas

1. Job 42:5.

de réponse, seulement la sensation du Seigneur. Ce récit peut donner lieu à plusieurs interprétations qui imprègnent ma propre perception de Dieu. Les amis de Job – qui défendaient la thèse selon laquelle « Tu as péché, par conséquent Dieu t'a puni », faisant de Dieu une sorte de machine à récompenser ou à punir – ont fait preuve d'arrogance et de sottise. À la fin du récit, Dieu commande à Job – qui se plaignait tant de l'injustice du Seigneur à son endroit – de prier pour ses amis[1], parce qu'ils n'ont pas parlé correctement de Lui. Celui qui a crié sa peine aux quatre vents en réclamant la justice des cieux reçoit le regard bienveillant de Dieu. Ceux qui ont tenu un discours simpliste sur l'essence de Dieu sont par Lui abhorrés. Dieu, à mon sens, se révèle à nous de façon très subtile. Il est fort possible que notre souffrance présente réponde à celles à venir. Mais il se peut aussi que nous soyons nous-même la réponse à un certain passé. Dans le judaïsme, on honore Dieu en respectant les préceptes qu'Il nous a révélés. On éprouve Sa présence à travers une quête, comme vous l'avez dit, un chemin qu'il échoit à chacun et à chaque génération de tracer.

JB : Tout à fait. L'homme reçoit la création entre ses mains comme un don. Dieu la lui donne, mais Il lui impose en même temps un devoir : celui de soumettre la Terre. Ce que reçoit l'homme, cette matière première est encore en friche et il lui appartient de peu à peu la soumettre pour la cultiver : la souche devien-

1. Job 42:7-8.

dra table. Mais il y a un moment où l'homme va trop loin dans ce devoir : transporté par l'enthousiasme, il cesse de respecter la nature. Surgissent alors les problèmes écologiques, le réchauffement climatique, ce sont les nouvelles formes de l'inculture. Le travail de l'homme face à Dieu et à lui-même implique une tension constante entre le don et le devoir. Lorsque l'homme ne retient que le don et délaisse le devoir, il ne remplit pas sa mission et demeure primitif; quand l'homme se laisse emporter par l'enthousiasme du devoir, il oublie le don et crée une éthique constructiviste : il croit que tout est le fruit de ses mains et qu'il n'y a pas de don. C'est ce que j'appelle le syndrome de Babel.

AS : Dans la littérature rabbinique, on s'interroge sur ce qui a déplu à Dieu dans la tour de Babel. Pourquoi en a-t-Il interrompu la construction en mélangeant les langues ? Si on s'en tient à la lettre du texte, c'est parce que ces constructions qui prétendaient atteindre le ciel relevaient d'un culte païen. Elles étaient un acte d'arrogance envers Dieu. Le Midrash[1] dit que ce qui a dérangé Dieu, c'est que les bâtisseurs de la tour se souciaient davantage de perdre une brique que de voir tomber un homme de cette hauteur. C'est ce qui se produit aujourd'hui, ce jeu entre le don et le devoir. L'équilibre doit être parfait, il faut que l'homme progresse, mais seulement pour redevenir homme. Dieu est celui qui a tout semé, tout engendré, mais le centre des choses et du grand

1. Ensemble de textes d'enseignement où les sages du Talmud présentent des interprétations non littérales du texte biblique.

ouvrage divin, c'est l'homme. Dans la réalité que nous vivons, seule compte la réussite du système économique, le bien-être de tous les hommes passe après tout le reste.

JB : Ce que vous venez de dire est très important. Dans le syndrome de Babel, il n'y a pas seulement l'attitude constructrice, mais aussi la confusion des langues. C'est typique des situations où le devoir est mis en avant au détriment du don, parce que, dans ce cas précis, la concentration sur l'acte de construire conduit à l'absence de dialogue, qui va de pair avec l'agression, la désinformation, la crispation... Quand on lit Maïmonide et saint Thomas d'Aquin, deux philosophes quasiment contemporains, on constate qu'ils commencent toujours par se mettre à la place de l'adversaire pour le comprendre ; ils dialoguent avec les positions de l'autre.

AS : Selon l'interprétation talmudique, Nimrod était un tyran de Babylone qui tenait son monde d'une poigne de fer, c'est pour cela qu'on n'y parlait qu'une langue, la sienne. Il a imposé la construction d'une tour s'élevant jusqu'au ciel pour laisser son empreinte et ainsi – avec une certaine arrogance – se rapprocher de Dieu. Il ne s'agissait pas de bâtir en pensant à l'homme. L'important n'était pas que tout le monde vive bien. Le châtiment a été de donner à chacun sa propre langue parce que l'acte de construire est resté individuel, à travers une seule langue mais despotique, et non universel. C'est un récit formidable, impressionnant d'actualité.

2

À propos du diable

JORGE BERGOGLIO : Dans la théologie, le Démon est un être qui a choisi de ne pas accepter le projet de Dieu. Le chef-d'œuvre du Seigneur, c'est l'homme, quelques anges ne l'ont pas admis et se sont révoltés. Le Démon est l'un de ceux-là. Dans le livre de Job, c'est le tentateur, celui qui cherche à détruire l'œuvre de Dieu, qui nous conduit à la suffisance, à l'orgueil. Jésus le définit comme le père du mensonge, et le livre de la Sagesse dit que le péché est entré dans le monde par la jalousie du Diable envers le chef-d'œuvre de Dieu. Il aboutit toujours à la destruction, la division, la haine, la calomnie. Et dans mon expérience personnelle, je le ressens à chaque fois que je suis tenté de faire quelque chose qui n'est pas ce que Dieu me demande. Je crois que le Démon existe. Sa plus belle réussite ces temps-ci a peut-être été de nous faire croire qu'il n'existe pas, que tout s'arrange au niveau purement humain. Le sort de l'homme sur la Terre est celui d'un soldat, c'est Job qui le dit, en ce sens que les individus sont constamment mis à l'épreuve ; c'est-à-dire qu'ils mènent un combat pour surmonter les situations qu'ils rencontrent et se dépasser. Saint Paul reprend l'image et l'applique aux athlètes qui dans un stade doivent se priver de beaucoup de choses pour connaître la réussite. La vie d'un chrétien est aussi une épreuve d'athlétisme, de combat, de course, dans laquelle il faut se défaire de tout ce qui nous éloigne de Dieu. Au-delà de cela, je tiens à souligner que le Démon est une chose, et que c'en est une autre que de diaboliser les choses ou les gens. L'homme subit la tentation, mais il ne faut pas le diaboliser pour autant.

ABRAHAM SKORKA : La conception des juifs est très large. Dans la mystique, il y a ce qu'on appelle l'« autre sens », un peu comme s'il existait des forces du mal. On trouve dans la Bible l'image primitive du serpent – que l'on pourrait interpréter comme une force du mal qui dresse l'homme contre Dieu – mais pour ce qui est du Satan de Job, comme de celui qui apparaît à Balaam, il s'agit plutôt d'hypostases de Dieu. Satan, dans le cas de Job, formule devant le Seigneur les doutes qui émergent dans notre conscience en voyant un homme intègre remercier Dieu alors qu'il ne manque de rien dans la vie : s'il a été béni dans tout, pourquoi ne serait-il pas reconnaissant envers Dieu ? En fera-t-il autant quand viendra l'angoisse ? Quant à Balaam, envoyé par Balak pour maudire le peuple d'Israël[1], Satan se dresse devant lui pour l'obliger à respecter l'ordre que lui a donné Dieu de refuser le mandat du roi de Moab. Quand on parle

1. Nombres 22.

du bien et du mal qui se manifestent dans la création, il est un verset que je trouve plus convaincant que tous les autres ; on le rencontre dans le livre du prophète Ésaïe[1] et il dit que Dieu est à la fois le faiseur de la lumière et le créateur de l'obscurité, celui qui fait la paix et celui qui crée le mal. C'est un verset très compliqué, que j'interprète en disant que le mal est comme l'obscurité, qui n'existe pas en soi mais est l'absence de lumière. Le mal consiste à retirer le bien d'une réalité, il n'existe pas en soi non plus. Moi, plutôt que d'ange, je préfère parler d'instinct. Il ne s'agit pas d'un élément extérieur, mais d'une partie intérieure de l'homme qui défie le Seigneur.

JB : Il y a aussi dans la théologie catholique un élément endogène, qui s'explique à partir de la chute de l'Homme qui suit le péché originel. Sur ce que vous appelez l'instinct, nous sommes d'accord, au sens où quand quelqu'un agit de façon incorrecte, ce n'est pas toujours parce que le Démon l'y a poussé. On peut faire quelque chose de mal par nature propre, par « instinct », motivé par la tentation exogène. On remarque dans les Évangiles que Jésus entame son ministère par quarante jours de jeûne et de prière dans le désert, et qu'à ce moment Satan s'efforce de le tenter en lui proposant de transformer les pierres en pain, en l'assurant que rien ne lui arrivera s'il se jette du sommet du temple, en lui promettant qu'il disposera de tout ce qu'il veut s'il l'adore. C'est-à-dire que le Démon exploite la situation existentielle du jeûne

1. Ésaïe 45:7.

pour proposer à Jésus une « issue omnipotente », centrée sur lui-même (une issue de satisfaction, de vanité et d'orgueil) qui l'éloigne de sa mission et de son identité de Serviteur de Yahvé.

AS : Accepter cela, en dernière instance, relève du libre arbitre de chaque individu. Tout le reste n'est que perceptions, interprétations des textes que nous tenons pour sacrés. Ce qui est clair, c'est qu'il y a quelque chose, que ce soit l'instinct ou que ce soit le Diable, qui se présente à nous sous la forme d'un défi pour que nous le dominions, pour chasser le mal. La méchanceté ne peut pas nous dominer.

JB : C'est précisément le combat de l'homme sur la Terre.

3

À propos des athées

JORGE BERGOGLIO : Quand je rencontre des athées, j'aborde volontiers des questions humaines, mais pas d'emblée le problème de Dieu, à moins qu'ils le fassent eux-mêmes. Quand cela arrive, je leur explique les raisons pour lesquelles, moi, je crois. Mais il y a déjà dans les questions humaines tant à partager, à travailler, que cela nous donne largement de quoi nous enrichir mutuellement. En tant que croyant, je sais que ces richesses sont un don de Dieu. Je sais aussi que l'autre, l'athée, l'ignore. Je n'envisage pas mon rapport à un athée avec des visées prosélytes ; je le respecte et me montre tel que je suis. Aussitôt qu'il y a connaissance, l'appréciation, l'affection et l'amitié font leur apparition. Je n'ai aucune réticence, je n'irai jamais lui dire que sa vie est condamnée parce que j'estime sincèrement ne pas avoir le droit d'émettre un jugement sur l'honnêteté de cette personne. Et moins encore si elle montre des vertus humaines, de celles qui grandissent l'individu et lui sont bénéfiques. De toute façon, je connais plus d'agnostiques que d'athées ; le premier est plus dubitatif, le second est convaincu. Il faut être cohérent avec le message que nous avons reçu de la Bible : tous les hommes sont à l'image de Dieu, qu'ils soient croyants ou pas. Cela suffit à leur conférer toute une gamme de vertus, de qualités. Et s'ils possèdent certains défauts, comme j'en ai moi-même, nous pouvons les partager pour nous aider mutuellement à les surmonter.

ABRAHAM SKORKA : Je suis d'accord, le premier pas consiste à respecter son prochain. Mais j'y ajouterais un point de vue : quand une personne dit « je suis athée », il me semble qu'elle adopte une position arrogante. L'attitude de celui qui doute est plus féconde. L'agnostique estime qu'il n'a pas encore trouvé la réponse, mais l'athée est persuadé à cent pour cent que Dieu n'existe pas. Il montre la même arrogance que celui qui affirme catégoriquement que Dieu existe, comme existe cette chaise sur laquelle je suis assis. Nous, religieux, sommes des croyants, mais nous ne tenons pas l'existence de Dieu pour un fait acquis. Il se peut que nous la percevions lors d'une rencontre très, très profonde, mais jamais nous ne Le voyons. Les réponses qu'on reçoit sont subtiles. Le seul, selon la Torah, à avoir explicitement parlé avec Dieu, face à face, c'est Moïse. Tous les autres – Jacob, Isaac – ont perçu la présence de Dieu en rêve ou de façon indirecte. Dire que Dieu existe, comme s'il s'agissait d'une certitude parmi d'autres, constitue aussi une forme d'arrogance, pour autant que je croie à l'existence de Dieu. Je ne peux affirmer Son existence à la légère parce que je dois montrer la même humilité que celle que j'exige de l'athée. Le plus juste serait de dire – comme Maïmonide dans ses treize principes de la foi : « Je crois d'une foi entière que Dieu est le Créateur. » Suivant le propos de Maïmonide, on peut dire ce que Dieu n'est pas, mais on ne peut pas affirmer ce qu'Il est. On peut faire mention de Ses qualités, de Ses attributs, mais en aucune façon Lui donner une forme. Pour ma part, je rappellerais à l'athée qu'il y a dans la nature une perfection qui nous livre un message ; nous pouvons en connaître les formules, mais jamais l'essence.

JB : L'expérience spirituelle de la rencontre avec Dieu ne se maîtrise pas. On sent qu'Il est là, on en a la certitude, mais ça ne se contrôle pas. L'homme est fait pour soumettre la nature, tel est son mandat divin. Mais il ne peut pas en faire autant avec son Créateur. C'est la raison pour laquelle il demeure toujours dans l'expérience de Dieu une interrogation, un espace pour s'en remettre à la foi. Vous avez dit une chose qui, en partie, est vraie : nous pouvons dire ce que Dieu n'est pas, nous pouvons parler de Ses attributs, mais nous ne pouvons pas dire ce qu'Il est. Cette dimension apophantique, qui se révèle dans ma façon de parler de Dieu, est déterminante dans notre théologie. Les mystiques anglais ont abondamment traité la question. L'un d'eux a écrit au XIVe siècle le livre *The Cloud of Unknowing* (Le nuage du non-savoir), où il s'efforce avec insistance de décrire Dieu pour finir à chaque fois par dire ce qu'Il n'est pas. La mission de la théologie consiste à réfléchir et à expliquer les faits religieux, et parmi ceux-ci, Dieu. Les théologies qui ont cherché à définir avec certitude et précision davantage que les attributs de Dieu, qui ont eu la prétention de dire entièrement comment Il est, moi aussi je les qualifierais d'arrogantes. Le livre de Job est une discussion permanente autour de la définition de Dieu. Quatre sages y élaborent cette quête théologique, et tout finit par une phrase de Job : « Mon oreille avait entendu parler de Toi ; maintenant mon œil T'a vu. » L'image que se fait Job de Dieu n'est pas la même à la fin qu'au début. Le propos de ce récit est que la notion qui habite ces quatre théologiens n'est pas vraie, parce qu'on ne finit jamais de rechercher Dieu ni de Le trouver. Et il y a là un paradoxe : on Le cherche pour Le trouver et parce qu'on Le trouve, on Le cherche. C'est un jeu très augustinien.

AS : Moi, je crois d'une foi entière que Dieu existe. À la différence de l'athée – qui affirme qu'Il n'existe pas et rejette toute forme de doute –, j'emploie le terme « foi », où transparaît implicitement une marge d'incertitude. D'une certaine façon, j'accorde un relatif crédit – minimal – à ce qu'a écrit Sigmund Freud, que nous avons besoin de l'idée de Dieu pour soulager notre angoisse existentielle. Mais si j'analyse assez profondément les positions négatrices de l'existence de Dieu, je me remets à croire. Une fois que la boucle est bouclée, je sens de nouveau Sa présence. De toute façon, il reste toujours un doute parce qu'il s'agit d'une question existentielle, pas d'une théorie mathématique, bien que le doute existe aussi dans cette dernière. Mais quand nous pensons Dieu, il faut le faire dans des termes particuliers, pas selon la logique commune. Ça, Maïmonide l'avait déjà établi. L'agnostique peut bien formuler ses fameux paradoxes : si Dieu, par exemple, est omnipotent, Il est forcément capable de créer une pierre trop lourde pour qu'Il la porte ; mais s'Il crée une telle pierre, c'est qu'Il n'est pas omnipotent. Dieu se situe au-delà de la logique et de ses paradoxes. Maïmonide explique qu'Il connaît les choses dans leur complétude. Notre savoir à nous est limité. Si nous avions le même savoir que Lui, nous serions des dieux.

4

À propos des religions

ABRAHAM SKORKA : La relation de chaque homme avec Dieu est très particulière. Ne sommes-nous pas tous différents par notre manière d'être, par nos goûts, par notre expérience ? La relation et le dialogue que nous entretenons avec Dieu sont singuliers. Et on les retrouve dans des traditions religieuses de tout type. « Pourquoi les religions sont-elles différentes ? » se demandent les gens. Il me semble qu'il faut répondre : parce que les expériences individuelles sont différentes. Et quand ces expériences se regroupent autour d'un dénominateur commun, une religion se constitue. Dans le cas du judaïsme, s'agissant d'une religion millénaire, il faut l'interpréter en termes antiques. À Rome, on faisait la distinction entre religion, nation et peuple. Dans le judaïsme, dont l'origine remonte à un millier d'années avant Rome, les trois notions sont indissolubles. Appartenir au peuple juif, c'est accepter sa religion, comme l'a dit Ruth à Naomi : « Ton peuple sera mon peuple ; ton Dieu sera mon Dieu[1]. » Par ail-

1. Ruth 1:16.

leurs, il existe dans le judaïsme la notion de peuple élu, qui prête souvent à confusion. Une rencontre s'est produite entre Abraham et Dieu, un pacte en est issu. Et Abraham a engagé sa semence future à le respecter. Ce pacte dit en essence que le peuple observera une éthique établie sur les préceptes qui lui seraient révélés par Dieu, afin de témoigner de Sa présence dans la réalité humaine. Comme l'exprime Amos : « Je vous ai distingués, vous seuls, parmi tous les clans de la terre ; c'est pourquoi je vous ferai rendre des comptes pour toutes vos fautes[1]. » Au chapitre 9, verset 7, le même prophète parle au nom de Dieu : « Vous, enfants d'Israël, valez autant pour moi que les Éthiopiens, déclare Dieu. J'ai élevé [fait sortir] d'Égypte les enfants d'Israël comme les Philistins de Kaphtor et les Araméens de Qir. » Nous sommes le peuple élu par Dieu pour quelque chose de particulier, ce choix implique que chaque génération doit renouveler le pacte avec Lui. Malheureusement, ceux qui nous haïssent nous accusent de nous considérer comme une « race supérieure » ; paraphrasant la définition qu'ils faisaient de leur propre peuple, les nazis ont considéré que les juifs étaient une « race inférieure ». Le christianisme a étendu la notion de « peuple d'Israël » à tous ceux qui embrassent sa foi.

JORGE BERGOGLIO : Dieu se fait sentir dans le cœur de chaque individu. Il respecte aussi la culture des peuples. Chaque peuple capte cette vision de Dieu, il la traduit en accord avec sa culture puis il

1. Amos 3:2.

l'élabore, la purifie, lui donne un système. Certaines cultures sont plus primitives dans leurs explicitations. Mais Dieu s'ouvre à tous les peuples, Il les interpelle tous, Il les provoque pour qu'ils se mettent à Sa recherche et Le découvrent à travers la création. Dans notre cas, celui du judaïsme et du christianisme, il existe une révélation personnelle. Dieu vient lui-même à notre rencontre, Il se révèle à nous, Il nous montre le chemin et nous accompagne, Il nous dit Son nom, Il nous guide par l'intermédiaire des prophètes. Nous, chrétiens, croyons que, pour finir, Il se manifeste et se livre à nous en Jésus-Christ. Par ailleurs, tout au long de l'histoire, certaines circonstances ont entraîné des schismes et la constitution de communautés diverses, qui sont différentes façons de vivre le christianisme, comme la Réforme. Nous avons vécu une guerre de trente ans à l'issue de laquelle différentes confessions se sont forgées. C'est très dur, et honteux, mais c'est ainsi. Dieux est patient, Il attend. Dieu ne tue pas, l'homme s'arroge le droit de le faire en Son nom. Tuer au nom de Dieu est un blasphème.

AS : Comment se peut-il que des gens en maudissent d'autres parce qu'ils pratiquent une forme de religion différente quand celle-ci est sincère ou qu'elle s'efforce de rapprocher les hommes de Dieu ? Ceux qui s'érigent en détenteurs de la vérité absolue, qui jugent avec froideur les actes d'autrui, pratiquent généralement – souvent – un credo ignominieusement païen. Le paganisme est un thème central de la littérature biblique. Dans l'Israël antique, à l'époque où l'on pratiquait des sacrifices, le Jour du Grand

Pardon[1] il fallait prendre deux boucs. Selon la tradition[2], il fallait que ces boucs se ressemblent le plus possible. L'un devait être sacrifié à Dieu ; l'autre était sacrifié quelque part dans le désert, où il emportait avec lui tous les péchés du peuple. Beaucoup se sont alors demandé : « Dieu a-t-il vraiment besoin de sacrifices ? » Pour Maïmonide[3], l'homme sentait qu'il devait le faire en guise de remerciement, que Dieu lui avait concédé cette possibilité de rapprochement avec Lui, mais avec certaines restrictions : on ne faisait pas d'offrandes humaines, par exemple. S'il acceptait que le sentiment humain s'exprime à travers les offrandes, Dieu les réglementait. Pour revenir au sujet, quand j'ai analysé cet aspect du rituel du Jour du Grand Pardon, je me suis demandé pourquoi il fallait que les deux boucs se ressemblent. Quelle réponse ai-je trouvée ? Que parfois, sous le même emballage, on peut empaqueter des choses différentes. On peut parler au nom de Dieu, on peut mettre des habits qui évoquent la pureté ou l'élévation spirituelle, et distiller sous ces mêmes habits les pires choses qui soient. Entre ce qui est païen et ce qui est pur, la ligne est parfois très ténue. C'est en recourant à des techniques que certains tiennent pour des rituels religieux qu'on a allumé au XXe siècle les plus funestes passions parmi les masses. C'est alors qu'on a évincé Dieu.

JB : Tuer au nom de Dieu, c'est idéologiser l'expérience religieuse. Quand cela se produit, la politicail-

1. Lévitique 16.
2. Mishna Yoma 6:1.
3. *Guide des égarés*, IIIe partie, chapitre 32.

lerie surgit et le pouvoir devient arrogant au nom de Dieu. Ceux qui le font sont des individus qui s'auto-érigent en Dieu. En plein XXe siècle, ils ont rasé des villages entiers parce qu'ils se prenaient pour des Dieux. Les Turcs l'ont fait avec les Arméniens, le communisme stalinien avec les Ukrainiens, le nazisme avec les Juifs. Ils ont usé d'un discours aux attributs divins pour tuer des hommes. En vérité, c'est une façon sophistiquée de tuer par excès d'estime de soi. Le deuxième commandement ordonne d'aimer son prochain comme soi-même. Aucun croyant ne peut limiter la foi à sa personne, son clan, sa famille, sa ville. Un croyant est avant tout un individu qui va à la rencontre des autres croyants, ou de ceux qui ne le sont pas, pour leur tendre la main. La Bible, sur ce sujet, est éloquente : le prophète Amos est un aiguillon qui ne cesse d'interroger ceux qui commettent des injustices à l'encontre de ses frères, ceux qui ne proposent pas leur aide, ceux qui n'apportent pas la présence de Dieu au pauvre, à l'invalide. On trouve aussi dans la loi « le glanage ». De quoi s'agit-il ? Le livre de Ruth en fait la description, il dit qu'il ne faut pas revenir sur la terre moissonnée, parce qu'il y a toujours des restes qui doivent aller à la veuve et l'orphelin.

AS : La conception biblique nous apprend que nous descendons tous d'un homme primitif. C'est-à-dire que nous avons tous des liens de fraternité. Nul ne devrait jamais devenir indifférent à l'homme, la Bible tout entière n'est peut-être au fond qu'une seule clameur : ne sois pas indifférent aux choses de l'esprit, à

Dieu et à ton prochain. Quelle est sinon la fonction sociale de la religion ?

JB : Je reviens aux deux premiers commandements : le premier dit aime ton Dieu de tout ton cœur et ton âme ; le deuxième, aime ton prochain comme toi-même. Jésus dit que ces deux commandements contiennent à eux seuls toute la loi. C'est pourquoi l'idée libérale consistant à cantonner le religieux au temple et à l'éliminer au-dehors ne fonctionne pas. Certains actes s'accomplissent traditionnellement au temple, comme l'adoration de Dieu, la louange, le culte. Mais d'autres se font dehors, avec toute la dimension sociale de la religion. Cela commence par la rencontre communautaire avec Dieu, qui est proche, qui marche avec son peuple, et ça se développe au fil de la vie avec des règles éthiques, religieuses, de fraternité, etc. Il y a là quelque chose qui régule la façon de se comporter avec les autres : la justice. Je crois que celui qui adore Dieu possède, dans cette expérience, un devoir de justice envers ses frères. C'est une justice fondamentalement créative, parce qu'elle est inventive : l'éducation, l'aide sociale, l'entraide, le soutien, etc. C'est pour cela qu'on désigne l'homme religieux intègre sous le nom d'homme juste : il porte la justice vers les autres. À cet égard, la justice du religieux ou de la religieuse est créatrice de culture. La culture d'un idolâtre n'est pas la même que celle que créent une femme ou un homme qui adorent le Dieu vivant. Jean-Paul II disait une chose très audacieuse : une foi qui ne se fait pas culture n'est pas une foi véritable. Il insistait là-dessus : la création de culture. Aujourd'hui, par exemple, il y a dans notre société des cultures idolâtres : le consumérisme, le relativisme et l'hédonisme en sont des exemples.

AS : Le culte n'a de sens que si l'on est proche de l'autre ; sinon, ce n'est pas un culte. À qui et à quoi vouons-nous un culte ? La question est essentielle. C'est pour cela que je dis souvent que le prêtre ou le rabbin doivent mettre les pieds dans la boue. Le temple n'est qu'un élément du religieux. Le temple qui ne se nourrit pas de la vie, et qui ne la nourrit pas en retour, est un temple païen.

JB : Je suis aussi absolument convaincu qu'ils doivent mettre les pieds dans la boue. Les curés ne portent plus la soutane aujourd'hui. Un prêtre récemment ordonné qui, lui, le faisait, s'est attiré des critiques. Alors il a demandé à un prêtre sage : « Est-il mal de porter la soutane ? » Le sage lui a répondu : « Le problème n'est pas que tu la portes, mais que tu saches la retrousser lorsque le service des autres l'exige. »

AS : Les religions sont dynamiques et, pour ne pas s'ankyloser, elles doivent rester en contact permanent avec l'extérieur. Ce qui ne change jamais dans une religion, ce sont les valeurs. Toute culture, en dernière instance, naît sur les bases de la réponse à une triple question : comment cette culture conçoit-elle Dieu, l'homme et la nature ? Le judaïsme dit que Dieu est un être éternel, que l'homme est Sa plus belle créature et qu'Il a créé la nature à partir du néant. C'est la particularité de la pensée judaïque par rapport à la pensée gréco-romaine, où il y a toujours une théogonie, une mythologie religieuse, où les Dieux se disputent sur l'Olympe et ne se mêlent que vaguement et secondairement du sort des hommes. L'innovation du judaïsme, c'est la croyance en un seul Dieu, absolument spirituel. Vient ensuite la révélation – comment Dieu se montre à l'homme et plus particulièrement au peuple d'Israël –, et plus tard la Torah, un ensemble de principes de droit déjà rédigés en termes très généraux. Ce n'est pas un texte catégorique. Quand on étudie le Talmud, ce qu'on analyse, c'est l'interprétation que fait tel ou tel rabbin des différents préceptes de la Torah. C'est pourquoi, dans le judaïsme, il faut constamment évoluer et se reposer les questions. Cela dit, j'insiste, ce qui ne peut pas changer, c'est cette poignée d'axiomes, les valeurs. Ceux qui ne s'intéressent qu'au fait qu'on prononce tel ou tel terme particulier lors du service religieux ou que la cérémonie soit réalisée de telle ou telle façon – et qui s'accrochent à une tradition qui est très importante, mais n'en demeure pas moins superficielle si elle ne s'accompagne pas d'une vie de justice, de droiture, d'amour – choisissent l'emballage. Un joli paquet sans contenu substantiel. « Je fais exactement ce que faisait mon père, je possède en essence les mêmes valeurs que lui. Mais mon père était mon père et moi je suis moi. Son expérience de vie m'est en partie utile, mais seulement en partie », avait coutume de dire un rabbin hassidique.

JB : Je pense aussi que l'essence de ce qui se conserve réside dans le témoignage des pères. Dans notre cas, ce sont les apôtres. Au IIIe et au IVe siècle, on a donné une formulation théologique aux vérités révélées et transmises de la foi, qui sont non négociables ; c'est l'héritage. Cela ne signifie pas qu'au long de l'histoire, par l'étude et la recherche, on ne découvre pas de nouvelles lumières concernant ces vérités : que signifie Jésus, comment se structure l'Église, en quoi consiste le véritable comportement chrétien, que sont les commandements ? Tout cela s'enrichit progressivement au fil des explications. Certaines choses relèvent de l'opinion, mais – je le redis – l'héritage ne se négocie pas. Le contenu d'une foi religieuse peut s'approfondir par la pensée humaine, mais quand cet approfondissement se heurte à l'héritage, c'est de l'hérésie. De toute façon, les religions affinent certaines expressions avec le temps, même s'il s'agit d'un processus lent, à cause du lien sacré que nous entretenons avec l'héritage reçu. Ce respect est tel que nous prenons garde à ne pas commettre d'erreur sous prétexte d'aller très vite. Voici comment un théologien du Moyen Âge exprimait la notion de progrès dans la perception de l'héritage, de la révélation reçue : « La règle légitime qui vaut pour tout progrès, la norme correcte de toute croissance consistent en ce que l'héritage se consolide à travers les âges, se développe au fil des ans et croisse avec le passage du temps. » Répondre aux questions d'aujourd'hui à partir de l'héritage reçu demande du temps, et plus encore quand cela touche à des problèmes de conscience. Quand j'étais enfant, on ne mettait généralement plus les pieds chez une famille de divorcés, et moins encore s'ils se remariaient.

Aujourd'hui, le pape lui-même invite ceux qui vivent dans une nouvelle union à participer à la vie de l'Église. Il leur demande de prier, de travailler dans les communautés paroissiales, les œuvres de charité. Le fait qu'ils se trouvent en marge d'un des commandements n'entraîne pas leur radiation du registre des baptêmes. Je reconnais que le rythme ne suit pas la vitesse des transformations sociales, mais les chefs spirituels, ceux qui cherchent la voix de Dieu, doivent prendre le temps nécessaire de trouver peu à peu les réponses. Le risque existe aussi de voir d'autres intérêts s'en mêler, économiques, culturels, géopolitiques. Il faut savoir faire le tri.

5

À propos des chefs religieux

ABRAHAM SKORKA : Pour celui qui veut suivre une formation de religieux, le mot clé – sans doute en conviendrez-vous – est «vocation». Sans vocation, il n'y a rien. L'autre terme, sur lequel vous mettez souvent l'accent, c'est «tradition». La vocation de servir Dieu naît au terme d'un long processus d'introspection ; à travers la quête de soi, de sa relation au prochain, des messages qu'on reçoit de la nature. C'est dans ces rencontres avec l'existence, qui surviennent à l'adolescence, au moment où l'on recherche sa voie dans la vie, que l'on trouve la dimension spirituelle de Dieu. Pour certains, cette rencontre aboutit à la décision de prendre un engagement extrême envers Dieu. Une fois que l'on exerce la fonction de guide spirituel, la difficulté consiste à servir Dieu en s'impliquant auprès de son prochain. Dieu, selon le récit de la Genèse, a créé l'homme à Son image. Être à l'image de quelqu'un signifie qu'on possède en soi quelque chose qui renvoie à lui. Dans mon prochain, je dois voir Dieu. Ce n'est pas une aide théorique, elle est très pratique. Par ailleurs, mes nombreuses années d'enseignement m'ont appris que la formation d'un individu qui se consacre à suivre une voie de spiritualité exige beaucoup de soin. Parce que, malheureusement, l'histoire nous apprend que certains se sont attribués des propriétés spirituelles pour s'ériger en guides et ont conduit leurs ouailles à la catastrophe, comme lors des crimes de Waco ou de Guyane. Il faut prêter une attention extrême à ceux qui se proclament rédempteurs d'autrui.

JORGE BERGOGLIO : Concernant le terme « vocation », je suis d'accord, il est déterminant dans notre tradition. Quand Dieu surgit, il le fait à travers un appel : « Abraham, quitte ton pays, ta parenté et la maison de ton père et va dans le pays que je te montrerai. » Dieu le met sur la voie. C'est Dieu qui appelle, et ce fait est perceptible dans la vocation des grands chefs religieux. Dans notre tradition, la mission commence invariablement par un appel. Il y a dans la Bible un cas qui a toujours suscité ma curiosité, celui du possédé de Gérasa. Ayant été délivré du démon par Jésus, il veut le suivre. Ce dernier refuse, il lui dit de rester dans son pays pour raconter aux siens ce qui est arrivé. Jésus – en quelque sorte – lui propose : « Raconte à ton peuple les merveilles qu'a accomplies le Seigneur ». C'est pour cela que le terme « vocation » est déterminant. Parce qu'il peut aussi y avoir des refus de ces appels ou de la vocation. Dans les Évangiles, le cas le plus flagrant est celui du jeune homme riche. Jésus lui voue de la sympathie, il l'aime, et lui dit que s'il souhaite le suivre, il doit vendre tout ce qu'il possède, le donner aux pauvres et l'accompagner. Le jeune, avec beaucoup de tristesse, ne l'a pas fait parce qu'il était très riche. Jésus l'invite, il l'appelle. Mais lui n'ose pas faire le pas, c'est un appel frustré. Dans les Évangiles, Jésus dit : « Ce n'est pas vous qui m'avez choisi, c'est moi qui vous ai choisis. » Mais ce qu'il dit ensuite est important aussi : il faut montrer dès le départ une distinction essentielle ; c'est ce que dans la tradition chrétienne nous appelons la droiture d'intention. C'est-à-dire montrer dans quel but on vient ; ce n'est pas que l'on arrive consciemment avec de mauvaises intentions, comme un pirate, mais il existe des motivations inconscientes qui peuvent donner lieu au fanatisme ou à d'autres déviations. Tout au long de la formation, il faut réfléchir à ses intentions, parce que, au moment de recevoir l'appel, personne ne répond avec une droiture totale, tout est mêlé car nous sommes des pécheurs.

AS : Dans le Deutéronome[1], un passage très intéressant explique comment distinguer le faux prophète du vrai. Selon le Talmud, le faux prophète peut exhiber des signes surnaturels comme preuve de ses affirmations. Ce paragraphe du Deutéronome est très important, il dit qu'un prophète est faux s'il cherche à te détourner du chemin de Dieu, de la justice, de la célébration de la vie, et il fournit toutes sortes d'indices permettant de s'en assurer. Que doit faire le paroissien, alors, face à ce chef qui, consciemment ou pas, conduit parfois sa communauté à la destruction par

1. Deutéronome 13:2-6.

un pouvoir psychique énorme et un vocabulaire religieux inadapté ? Plusieurs scènes bibliques nous éclairent sur ce point, et leur message pourrait être : attention, tiens-toi à l'écart de celui qui prétend conquérir ton cœur et te tenir dans sa main en dominant ton esprit et ta volonté. Pour revenir au paragraphe du Deutéronome que j'évoquais : chacun doit analyser le message du prophète dans son essence. S'il ne coïncide pas avec ce qui est juste, miséricordieux et bon, le message est faux et il doit être rejeté. L'un des signes qui permettent au paroissien de se rendre compte qu'on cherche à entraver sa liberté intérieure et à le soumettre est l'invocation par le guide d'une certitude absolue : « Dieu m'a dit telle chose, c'est comme ça, point final. » C'est comme ces enseignants qui se comportent comme si leur discours était parfait. Face à cela, il faut se méfier. Les questions de la foi se transmettent avec humilité. Il faut toujours laisser une place au doute. Dans le chapitre 27 du livre du prophète Jérémie, quand Dieu lui dit que le peuple doit continuer à supporter la tyrannie de Nabuchodonosor, il lui commande de mettre un joug sur ses épaules pour indiquer au peuple de ne pas se révolter. Soudain apparaît un autre prophète, Hanania, fils d'Azzour, qui lui retire le joug et le brise. Jérémie, au lieu de répondre qu'il a reçu de Dieu un tout autre message, accepte l'acte de Hanania. Il se recueille, revient à son intimité et engage un nouveau dialogue avec Dieu, qui lui confirme ce qu'il lui avait déjà dit, c'est-à-dire que le peuple doit continuer à supporter le joug de l'empire babylonien. Cela démontre deux choses. La première, c'est que Dieu est dynamique et qu'il peut en venir à changer d'avis. La Bible dit : « Revenez à Dieu pour que Dieu modifie sa sentence. » C'est le message du livre de Jonas. On ne peut pas parler de Dieu et de son message en termes absolus, il faut toujours qu'affleure un doute interprétatif, cela fait partie de l'acte de foi. L'autre enseignement de ce récit concerne le grand mot censé définir le chef religieux – la seule vertu explicite que la Torah attribue à Moïse : l'humilité. Celui qui montre des signes d'orgueil, manque d'humilité et s'exprime avec arrogance en termes absolus n'est pas un bon chef religieux. Celui qui ne sait pas se placer parmi les gens, qui dit constamment « je suis », n'est pas à sa place.

JB : Et pourtant, ceux-là ne manquent pas. « Vous m'en direz tant, ma bonne dame », s'exclamait à mon époque Catita, le personnage de Niní Marshall[1]. J'ai apprécié ce que vous avez dit à propos du doute, parce que cela renvoie directement à ce qu'on vit dans le temps quand on veut se montrer juste devant Dieu. Les grands guides du peuple de Dieu ont été des hommes qui ont laissé une place au doute. Pour revenir à Moïse, c'est le personnage le plus humble que la Terre ait porté. Devant Dieu, il n'y a pas d'autre recours que l'humilité, et celui qui veut conduire le peuple de Dieu doit faire de la place à Dieu ; il doit donc se faire tout petit, se laisser envahir par le doute, les moments d'obscurité intérieure, l'interrogation sur la démarche à suivre. Tout cela finit

1. Personnage du cinéma argentin des années 1940. (*N.d.T.*)

par le purifier. Le mauvais guide est celui qui est sûr de lui, qui s'entête. L'une de ses caractéristiques est de se montrer trop péremptoire par excès de confiance.

AS : La foi ne peut se passer du doute. La foi proprement dite doit se manifester au milieu d'un certain sentiment de doute. Dieu est pour moi un pressentiment, je Le ressens, j'ai souvent parlé avec Lui, mais l'essence de la foi consiste à continuer de Le chercher. Je peux avoir 99,9 % de certitude à Son endroit, mais jamais 100 %, parce que je vis à Sa recherche. Pour les Juifs, le doute engendre la foi. Après la Shoah, nous nous sommes demandé pourquoi Dieu nous avait abandonnés, pourquoi Il n'était pas intervenu alors qu'Il est pure justice, qu'Il se tient toujours aux côtés du juste, de celui qui souffre. Ce sont les mêmes interrogations que celles de Job quand il demandait à Dieu pourquoi ses enfants étaient morts, pourquoi il avait perdu la santé, pourquoi il avait tout perdu alors qu'il s'était toujours montré juste et bon. Dieu lui a répondu, en substance : « J'ai mes raisons, impénétrables pour l'homme qui conserve ses doutes. »

JB : J'ai toujours été séduit par la phrase de Job que j'ai déjà citée : « Mon oreille avait entendu parler de Toi ; maintenant mon œil T'a vu. » Au sortir d'une épreuve, on voit les choses autrement, on progresse dans la compréhension. Mais pour revenir à la question des ministres de la religion, c'est l'humilité qui donne la garantie de la présence du Seigneur. Quand quelqu'un manifeste de la suffisance, quand il a toutes les réponses à toutes les questions, c'est la preuve que Dieu n'est pas avec lui. La suffisance est un trait que l'on retrouve chez tous les faux prophètes, les chefs égarés qui se servent du religieux pour satisfaire leur ego. C'est l'attitude des religieux hypocrites, parce qu'ils parlent de Dieu, qui est au-dessus de toute chose, mais ne mettent pas ses commandements en pratique. Jésus, à leur sujet, a dit au peuple fidèle : « Faites ce qu'ils disent, pas ce qu'ils font. »

AS : Il faut constamment prêcher par l'exemple. Il faut inculquer la notion d'humilité à ceux qui veulent devenir des chefs religieux et s'efforcer de leur répéter sans cesse que la voie qu'ils ont choisie est une voie de sainteté. Il y a dans ma communauté une organisation de jeunes qui suivent la formation pour devenir guides et je leur dis toujours qu'ils ont une mission très spéciale. Ils doivent utiliser des méthodes ludiques pour que les enfants s'amusent le plus possible, ils doivent en même temps leur inculquer des valeurs sociales pour qu'ils apprennent à vivre en collectivité, mais ces enseignements ne suffisent pas à les distinguer de n'importe quel autre type de dirigeant. Ils ont en outre l'obligation de leur ouvrir la voie de la religion. C'est une mission sainte parce qu'elle possède une composante spirituelle qui se manifeste à travers les prières, les rituels dont le contenu est spécifiquement adapté pour permettre aux enfants d'en trouver le sens. En définitive, ces guides aident le rabbin dans sa tâche. Par ailleurs, il faut que tous ceux qui exercent des responsabilités se rendent compte qu'ils ne doivent pas projeter leurs propres problèmes dans leur fonction et qu'ils ne doivent jamais *s'y croire*. Quand je parle avec des personnes qui ont besoin d'aide parce qu'elles sont malades ou angoissées, je leur dis toujours : « On va voir ce qu'en dit mon *chef*. » Je ne me présente jamais à elles comme si la fonction de rabbin s'accompagnait d'attributs particuliers. Un jour, alors que je venais de célébrer un mariage, un couple s'est approché de moi pour me saluer et m'a rappelé que je les avais unis huit ans plus tôt. La première question que je leur ai posée est s'ils avaient eu des enfants, et ils m'ont répondu que malheureusement les grossesses n'arrivaient pas à terme. Saisissant leurs mains, je leur ai dit : « Persévérez, avec force et espoir. » Après quelque temps, ils ont fini par avoir une petite fille. Ils sont revenus au temple pour lui donner son nom, comme le veut la tradition. À la fin de la cérémonie, ils m'ont demandé si je me souvenais que je leur avais conseillé de persévérer avec force et espoir. J'ai bien pris soin de leur expliquer que je leur avais probablement transmis de bonnes vibrations, comme on dit aujourd'hui, mais qu'il ne fallait pas s'imaginer que la grossesse avait réussi grâce à mes paroles. Je n'avais guère fait que le demander à Dieu. Parmi les présents ce jour-là, certains m'ont conseillé, pour rire, de faire la publicité de leur cas, parce que cela remplirait le temple et ses caisses.

JB : Le rabbin miraculeux...

AS : Jamais de la vie. Je ne doute pas qu'un individu puisse posséder la force morale d'aider le malade, mais le miracle vient de Dieu. Jamais de l'homme. Selon la tradition hassidique[1], le Talmud[2] dit que le monde doit sa survie à la présence de trente-six hommes justes, mais dès l'instant où l'un d'eux se sait juste, il cesse de l'être.

JB : J'éprouve naturellement une grande méfiance dès qu'il est question de guérisseurs, de révélations, de visions ; je suis aussitôt sur mes gardes. Dieu n'est pas un genre de bureau de poste qui émet constamment des messages. Le cas est différent quand un croyant dit qu'il ressent quelque chose. Il faut toutefois reconnaître que, dans l'histoire, les prophéties ont existé et qu'elles existent encore. Et qu'il faut admettre l'idée que Dieu puisse choisir une personne comme prophète, avec les caractéristiques du vrai prophète. Mais il ne s'agit généralement pas de ceux qui disent avoir reçu une petite lettre du ciel. Je suis obligé de démentir un grand nombre de cas à Buenos Aires, parce qu'ils sont plus ordinaires, plus fréquents qu'on ne le pense. Croire que le réconfort spirituel que nous trouvons vous et moi dans la prière soit une prophétie ou une révélation qui concerne tout le monde, c'est d'une très grande ingénuité. Parfois, quelqu'un ressent quelque chose, et à cause d'une mauvaise interprétation ou d'un déséquilibre psychique, il croit qu'il s'agit d'une prophétie. J'ai récemment dû répondre au téléphone à une femme qui avait un message à adresser à tous les Argentins,

1. Le hassidisme est un mouvement religieux juif né au XVIIIe siècle en Europe de l'Est. Porteur d'un important contenu mystique, il a redonné vigueur à la foi de ses membres à travers des cantiques, des danses, des récits et des traditions.

2. Talmud de Babylone, Sanhédrin, 97, b.

elle voulait mon autorisation pour le diffuser « afin de tous nous sauver ». Elle m'a fait parvenir le message, et j'y ai vu certaines choses qui clochaient, des imprécisions, des erreurs. Je lui ai dit que je ne pouvais pas la cautionner. Elle a insisté, elle n'était pas d'accord et elle allait de toute façon transmettre le message à titre privé. Certaines personnes se sentent une sorte de vocation prophétique. Quant à la guérison, plus facile à interpréter, c'est autre chose. Aujourd'hui, grâce à certaines études de parapsychologie, grâce au discours de médecins oncologues selon qui il existe une influence du psychisme sur le physique, certaines choses s'expliquent. Il y a aussi la médiation ministérielle du rabbin ou du prêtre qui prie ou réclame pour la santé d'autrui, et ça marche. Pour moi, en matière de guérison, ce qui crédibilise un individu qui se trouve dans la loi de Dieu, c'est la simplicité, l'humilité, l'absence de spectacle. Sinon, plus que de guérison, il peut s'agir d'un négoce.

AS : Je suis tout à fait d'accord. À partir du moment où quelqu'un donne ses *pouvoirs* en spectacle, ce n'est pas un vrai religieux, il construit un mensonge. On voit aujourd'hui une mode qui conduit beaucoup d'individus à chercher dans l'au-delà des réponses à des problèmes physiques ou humains. Il faut être très prudent quand quelqu'un va voir le rabbin – je suppose que c'est la même chose pour un prêtre – parce que ce qu'il va obtenir, c'est une réponse concernant la foi. Ce n'est pas l'équivalent de la réponse d'un médecin. Nous ne devons jamais occuper la place du médecin. Si quelqu'un se présente avec un problème de santé, je l'aide, je lui offre une parole, je l'accueille, mais en même temps je lui dis qu'il doit suivre le traitement médical à la lettre.

JB : Pour cela, Dieu nous donne les instruments.

AS : Ça me rappelle une bonne histoire. À la suite d'une inondation, un homme coincé sur le toit de sa maison appelle au secours. Une barque apparaît aussitôt pour l'emmener, mais il refuse de monter dedans. « Je ne bougerai pas d'ici, car Dieu va me venir en aide », dit-il au rameur. Au bout d'un moment, un canot de pompiers arrive, mais il refuse à nouveau d'y monter : « Pas question, je reste ici parce que Dieu va me sauver », répète-t-il. Vient ensuite un hélicoptère de la police, mais il refuse encore d'y monter, répétant une fois de plus la même chose : « Dieu va me sauver. » L'homme finit par mourir et, en arrivant au ciel, il se plaint à Dieu : « Pourquoi n'es-tu pas venu m'aider, pourquoi m'as-tu laissé mourir ? » Et Dieu de se fâcher : « Comment ça, je ne t'ai pas aidé ? Je t'ai envoyé une barque, un canot et un hélicoptère et tu les as renvoyés ! »

JB : Elle est très drôle ! Je voudrais revenir à la question du guide. Je pense qu'on ne conduit pas une congrégation comme on conduit une ONG. J'ai beaucoup aimé le terme que vous avez employé un peu plus tôt : la sainteté. C'est le commandement de Dieu à Abraham. Le mot sainteté est comme un tremplin vers la transcendance. Dans une ONG, il n'a pas sa place. Il faut un comportement social adéquat, une honnêteté, une idée de la façon dont on va conduire la mission, une politique vers l'intérieur. Ça peut parfaitement fonctionner dans le cadre de la laïcité. Mais dans la religion, la sainteté est indispensable chez le chef.

AS : Ça ne fait aucun doute, celui qui dirige une communauté doit être un individu droit, qui œuvre en quête de justice et agit en conséquence. L'un des aspects les plus difficiles de la fonction de chef religieux, c'est la médiation, qui le fait intervenir entre les gens pour établir la paix. Et en termes bibliques cela consiste à servir d'intermédiaire du peuple auprès de Dieu. C'est ce qu'a fait Abraham quand il a négocié avec Dieu pour sauver les justes de Sodome et Gomorrhe, les villes qu'Il avait condamnées pour les iniquités qui s'y produisaient. C'était un marchandage avec Dieu pour sauver des êtres humains. Cette lutte est si différente de la lutte maladive pour l'exercice d'un pouvoir absolu, arbitraire et capricieux, comme on le voit si souvent ! Les grandes dictatures du XXe siècle en constituent la plus atroce démonstration. Selon certains spécialistes du comportement de l'homme et des sociétés, les mouvements totalitaires du XXe siècle – comme le nazisme ou le communisme – ont emprunté diverses caractéristiques aux structures religieuses, comme le recours à une certaine symbolique, à une mystique. Les masses ont tendance à rêver de *sauveurs* censés résoudre tous leurs problèmes et leurs angoisses, et ce désir est exploité et manipulé par des génies du mal qui les séduisent, conquièrent leur esprit et leur cœur, pour en définitive les emmener au gré de leur propre caprice. C'est un phénomène dont souffre l'Argentine depuis longtemps. Notre société a tendance à élire des sauveurs. C'est ce qui me porte à croire que nous pouvons avoir des dirigeants, mais pas de guides, parce que les guides conduisent vers certains objectifs. Les dirigeants se contentent d'administrer. Les vrais guides fonctionnent selon des valeurs qui donnent au travail une dimension projective et transcendante, le désir de créer au présent une histoire censée résoudre les problèmes de demain et servir de modèle aux générations futures. Les dirigeants ne s'occupent que du présent. Par ailleurs, si la religion a un rapport avec la politique, ce n'est pas, évidemment, en ce qui concerne Dieu, mais dans la nécessité de se rapprocher des problèmes humains. La politique et la religion sont deux perspectives pour aborder le même problème : l'homme et ses vicissitudes. La seule défense dont dispose le peuple pour ne pas se laisser imposer un chef néfaste, c'est l'éducation.

6

À propos des disciples

JORGE BERGOGLIO : À ce stade, une question s'impose, celle de la façon dont nous formons, dont nous faisons grandir ceux qui décident de suivre la voie religieuse. On pense parfois que pour devenir curé, il faut *embrasser la carrière ecclésiastique*. Heureusement, l'expression n'est plus très employée, parce qu'elle donne une idée d'avancement, comme si on se trouvait dans une entreprise. En vérité, tout naît d'un appel reçu par un individu : il est convoqué, touché par Dieu. Notre formation repose sur quatre piliers. Le premier, c'est la vie spirituelle, où l'aspirant entame son dialogue avec Dieu dans son monde intérieur. La première année de formation est consacrée à la découverte et à la pratique d'une vie de prière, d'une vie spirituelle. Cela se poursuit après, mais de façon moins intense. Le deuxième pilier concerne la vie en communauté, nous ne concevons pas de formation solitaire. Il est essentiel de faire partie du nombre, de grandir au sein d'une communauté pour, un jour, savoir la conduire, la diriger. C'est la raison d'être de nos séminaires. Dans toute communauté surviennent des rivalités, des jalousies, et cela permet de polir son cœur, d'apprendre à faire de la place aux autres. Cela se manifeste jusque dans les parties de football que disputent les séminaristes. Le troisième pilier est celui de la vie intellectuelle. Les séminaristes suivent des cours à la faculté de théologie : il y a six années d'études. Deux années sont consacrées à la philosophie, en tant que fondement de la théologie. Vient ensuite la théologie dogmatique, élaborée par les érudits : comment expliquer Dieu, la Trinité, Jésus, les sacrements. Sont abordés aussi les contenus bibliques et la théologie morale. Le quatrième pilier est ce que nous appelons la vie pastorale : les séminaristes se rendent le week-end dans une paroisse qu'on leur a assignée, où ils assistent le curé dans ses fonctions ministérielles. Lors de la dernière année, ils vivent directement dans la paroisse. L'objectif de cette année de dévouement total, c'est de mettre en évidence ses qualités et ses défauts. C'est là que se manifestent le plus nettement les aspects de la personnalité qu'il faut corriger et ceux qu'il faut encourager, comme le charisme. Nous disons toujours que ces quatre domaines sont liés et doivent s'influencer mutuellement.

ABRAHAM SKORKA : Dans le judaïsme, la formation du rabbin n'est pas facile, parce que les sources que nous étudions sont en hébreu, en araméen. Les cours sont en hébreu. Par ailleurs, une fois que les séminaristes possèdent un minimum respectable de connaissances, ils deviennent les assistants d'un rabbin car nous manquons de responsables religieux.

Évidemment, il y a aussi dans notre programme des matières comme la philosophie, la Bible, le Talmud, l'histoire, la critique de la Bible. Dans un séminaire rabbinique d'inspiration conservatrice[1], l'éventail des connaissances et des interprétations des sources est très large. Nous analysons aussi la littérature hébraïque de toutes les périodes ainsi que d'autres matières utiles à l'action pastorale : psychologie, sociologie, anthropologie. Nous tenons à ce que tous ceux qui rejoignent le séminaire possèdent au préalable un diplôme universitaire, ou qu'ils suivent des études.

JB : Le diplôme universitaire n'est pas nécessaire pour devenir séminariste catholique. Le diplôme, ils l'obtiennent en théologie ou en philosophie, mais on voit venir de plus en plus de séminaristes diplômés ou qui ont déjà fait trois ou quatre années d'études. Ce n'est plus comme avant, les gens qui entrent au séminaire sont de plus en plus âgés. C'est bien mieux, parce qu'à l'université de Buenos Aires, ils se sont frottés à la vie réelle, à différents points de vue, à dif-

1. Le courant juif conservateur enseigne la préservation des coutumes et des lois à travers la tradition, mais contrairement aux courants très traditionalistes, il le fait à travers un dialogue intellectuel profond et très dynamique avec l'évolution de la science dans tous les domaines. L'appellation « Mouvement conservateur » est trompeuse dans le contexte latino-américain, puisqu'il s'agit en fait d'un courant plutôt progressiste dans ses aspects sociaux, culturels et politiques. Pour les orthodoxes, les lois religieuses sont inaltérables, pour les juifs réformés, ce sont de simples conventions. La position des conservateurs est intermédiaire : ils soutiennent que les lois religieuses occupent une place centrale mais sont susceptibles d'interprétations, de changements et de mises à jour selon l'époque.

férentes perspectives scientifiques, au cosmopolitisme... C'est une façon d'avoir les pieds sur terre.

AS : C'est précisément pour cela que nous l'exigeons, pour que nos religieux aient le sens des réalités. L'idéal, c'est qu'ils possèdent un diplôme dans le domaine des lettres ou des sciences humaines. Mais ce n'est pas impératif, d'ailleurs je possède moi-même un doctorat de chimie. On peut aussi connaître Dieu à travers la perfection de son œuvre. Moi, je me voyais bien devenir chercheur, mais j'avais toujours eu le goût des études judaïques. Et, à un moment donné, j'ai bifurqué vers l'enseignement du judaïsme. J'officiais déjà en tant que rabbin quand j'ai passé mon doctorat. Comme l'a dit Albert Einstein, moi aussi j'aimerais connaître le plan dont Dieu s'est servi pour créer l'univers. Je ne pense pas qu'il y ait de contradiction entre les deux. Le fait que l'on puisse y découvrir un dessein, cela m'apparaît comme des pistes que Dieu livre à l'homme.

JB : Nous n'acceptons au séminaire qu'environ quarante pour cent des postulants, c'est-à-dire que la vocation doit être claire. On rencontre par exemple des tempéraments pathologiques ou névrotiques à la recherche d'une sécurité extérieure. Certains sentent qu'ils n'arriveront pas d'eux-mêmes à réussir dans la vie, alors ils recherchent la protection d'une corporation. Le clergé est l'une de ces corporations. Nous restons très attentifs, nous nous efforçons de bien connaître les individus qui se présentent, nous leur faisons passer des tests psychologiques approfondis avant leur entrée au séminaire. Ensuite, lors de la cohabitation qui précède leur entrée, tous les week-ends pendant un an, on observe et on distingue ceux qui ont la vocation de ceux qui en vérité n'ont pas reçu l'appel mais qui cherchent un refuge ou qui ont une perception erronée de la vocation. Dans l'hypothèse où tous les entrants ont reçu l'appel, il se peut encore qu'ils y soient infidèles. C'est le cas de Saul : il a été appelé, mais il a trahi le Seigneur[1]. Il y a aussi le cas de la sécularisation. Tout au long de l'histoire, il y a eu des curés et des évêques qui ont eu une vie extra-religieuse. C'est par exemple le curé qui a une femme en dépit du vœu de célibat, mais ce n'est là qu'un mode de double vie parmi d'autres. Il y a aussi ceux qui cherchent à négocier le religieux à travers des alliances politiques. Selon un théologien catholique, Henri de Lubac, le pire qui puisse arriver à ceux qui ont reçu l'onction, ceux qui ont été appelés à servir, c'est de vivre selon les critères du monde plutôt que selon ceux qu'a transmis le Seigneur à travers les tables de la loi ou l'Évangile. Si cela se généralisait à toute l'Église, la situation serait bien pire qu'à l'époque honteuse des curés libertins. Le pire qui puisse nous arriver dans la vie sacerdotale, c'est d'être mondains, des évêques ou des curés *light*.

AS : La perspective juive spécifie elle aussi qu'il ne faut pas s'installer dans la mondanité. Une phrase du Talmud dit que les sages réprouvent ceux qui recherchent la vie de l'instant, du maintenant, et méprisent ou délaissent la vie éternelle, qui consiste à

1. Saul ne respecte pas ses préceptes et ses commandements. Voir Samuel I,13:7-14; 15.

penser que tout ce que l'on fait aujourd'hui aura une action dans le futur. Jusque-là, nous sommes d'accord, mais je suis tenté de demander – et nous voyons là une différence entre la vision juive et la vision catholique : comment s'y prend-on ? À un moment donné, l'Église catholique a décidé d'exiger le maximum : une dévotion totale, le refus de fonder une famille. Il faut être dans le monde, mais ne pas s'y connecter. Le judaïsme, sur ce point, est différent. Il dit : « Tu dois relever le défi qui consiste à vivre dans le monde et à lutter contre toutes les difficultés que la mode de l'instant fait entrer dans ta maison sans cesser de t'en tenir à ces valeurs. » Cela n'empêche pas qu'au sein de la communauté juive il y ait aussi des gens très pratiquants qui s'enferment dans leur ghetto et n'entretiennent de relation avec l'extérieur que pour le strict nécessaire. Pour ma part, j'appartiens au mouvement conservateur – il serait plus juste de parler de mouvement traditionaliste –, qui propose aux juifs de garder un pied dans la réalité et ses problématiques tout en s'efforçant de ne pas être dans le monde. C'est difficile, et c'est aujourd'hui l'un des grands problèmes que connaît le judaïsme. Nous ne vivons plus dans des ghettos, nous sommes devenus cosmopolites. Le combat d'autrefois consiste à présent à ne pas se laisser entraîner par les modes et à s'en tenir à la quête de spiritualité. Le prêtre catholique affronte un défi énorme : se mêler au peuple, ne pas rester dans sa tour d'ivoire. Le judaïsme très traditionaliste aussi. Leur défi commun est de ne pas se laisser emporter par la sécularité, mais nous apportons des réponses différentes à un problème dont la racine est la même.

JB : Je tiens à préciser quelque chose : dans la tradition occidentale, le prêtre catholique ne peut se marier, mais dans la tradition orientale, si. Il doit cependant se marier avant de recevoir l'ordination ; après, ce n'est plus possible. Et le catholique laïque, celui qui vit dans la plénitude, suit le chemin que vous indiquez. Il est plongé dans le monde jusqu'au cou, mais ne se laisse pas emporter par l'esprit du monde. Et c'est extrêmement difficile. Maintenant, qu'en est-il de nous, les consacrés ? Nous sommes tellement faibles qu'il y a toujours la tentation de l'incohérence. On veut le beurre et l'argent du beurre, les bons côtés de la consécration et ceux de la vie laïque. Avant d'entrer au séminaire, c'est la voie que je suivais. Mais après, quand on cultive ce choix religieux, on trouve des forces en chemin. C'est du moins comme cela que je le vis, ce qui n'exclut pas qu'il puisse arriver de rencontrer une fille. Quand j'étais séminariste, j'ai été ébloui par une fille que j'ai rencontrée lors du mariage d'un oncle. J'ai été frappé par sa beauté, sa lumière intellectuelle... et, bon, j'étais mordu, ça a duré un bon moment, elle me trottait sans arrêt dans la tête. De retour au séminaire, après le mariage, j'ai passé une semaine sans pouvoir prier parce que je n'arrêtais pas de penser à elle. Je n'étais encore que séminariste, j'étais libre, je pouvais rentrer chez moi et on n'en parlait plus. Il a fallu que je réfléchisse de nouveau à mon choix. Et j'ai choisi la voie religieuse – ou plutôt je me suis laissé choisir par elle. Il serait anormal que ce genre de chose n'arrive pas. Quand c'est le cas, il faut se repositionner. Se demander si on refait le même choix ou si on dit : « Non, cette chose que j'éprouve est très belle, je crains de finir par trahir mon engagement, je renonce au séminaire. » Quand un séminariste vit une chose de ce genre, je l'aide à s'en aller en paix, à devenir un bon chrétien plutôt qu'un mauvais curé. Dans l'Église occidentale, à laquelle j'appartiens, les curés ne peuvent pas se marier comme on le fait dans l'Église byzantine, ukrainienne, russe ou grecque. Là-bas, les prêtres peuvent se marier ; pas les évêques, qui doivent respecter le célibat. Ce sont d'excellents curés. Il m'arrive de les taquiner, de leur dire qu'ils ont une femme à la maison, mais qu'ils ne se doutaient pas qu'ils auraient aussi une belle-mère ! Dans le catholicisme, le débat est en cours, à l'initiative de quelques organisations. Pour l'instant, nous maintenons fermement la discipline du célibat. Certains, non sans pragmatisme, disent que cela nous fait perdre de la main-d'œuvre. Si, hypothétiquement, le catholicisme revenait sur la question du célibat, je crois que ce serait pour des raisons culturelles (comme en Orient), pas dans l'absolu. Pour l'instant, je suis favorable au maintien du célibat, avec ses avantages et ses inconvénients, parce que, sur dix siècles, on a eu plus d'expériences positives que de défaillances. Il se trouve que les scandales sont immédiatement visibles. La tradition ne manque pas de poids, de validité. Les prêtres catholiques en sont venus à choisir le célibat de façon progressive. Jusqu'en 1100, certains optaient en ce sens, d'autres non. Les Églises orientales ont suivi la tradition du choix individuel, alors que l'Occident a finalement fait le choix inverse. C'est une question de discipline, pas de foi. Cela peut changer. Pour ma part, je n'ai jamais songé à me marier. Mais il y a des cas. Voyez le président paraguayen Fernando Lugo, un type brillant. Quand il était prêtre, il a commis un écart et il a renoncé à la prêtrise. Il a été honnête dans cette décision.

AS : Et quelle est votre position ?

JB : Si l'un d'eux vient me raconter qu'il a mis une femme enceinte, je l'écoute, je fais en sorte de l'apaiser et je l'amène progressivement à comprendre que le droit naturel précède son droit en tant que curé. Par conséquent, il doit renoncer à son ministère et prendre l'enfant en charge, même s'il décide de ne pas épouser la femme. Parce que, de la même façon que l'enfant a le droit d'avoir une mère, il a le droit de connaître le visage de son père. Je lui promets de faciliter toutes les démarches administratives avec Rome, mais il doit tout abandonner. Maintenant, si un curé me raconte qu'il s'est laissé emporter, qu'il n'a commis qu'un écart exceptionnel, je l'aide à se ressaisir. Certains curés y parviennent, d'autres pas. Certains, c'est déplorable, n'en parleront même pas à leur évêque.

AS : Qu'est-ce que ça veut dire, « se ressaisir » ?

JB : Qu'ils font pénitence, qu'ils s'en tiennent au célibat. La double vie ne nous vaut rien de bon, je n'aime pas ça, c'est entériner le mensonge. Je leur dis parfois : « Si tu ne le supportes pas, tu dois prendre une décision. »

AS : Je voudrais préciser que le cas du curé qui tombe amoureux d'une fille et qui l'avoue n'a rien à voir avec les cas de pédophilie. Ceux-là, il faut totalement les éradiquer, c'est extrêmement grave. Que deux adultes vivent une amourette, qu'ils s'aiment, c'est tout autre chose.

JB : Oui, mais ils doivent se corriger. L'idée que la pédophilie soit une conséquence du célibat ne tient pas. Plus de soixante-dix pour cent des cas de pédophilie surviennent dans le milieu familial ou le voisinage : ce sont des grands-pères, des oncles, des beaux-pères, des voisins. Le problème n'est pas lié au célibat. Si un curé est pédophile, il l'était avant de devenir curé. Toutefois, quand cela se produit, il ne faut jamais fermer les yeux. On ne peut pas se trouver dans une position de pouvoir et détruire la vie d'autrui. Cela n'est jamais arrivé dans mon diocèse, mais j'ai reçu un jour l'appel d'un évêque qui me demandait ce qu'il fallait faire dans ce genre de situation, et je lui ai répondu qu'il fallait retirer ses licences au fautif, ne plus l'autoriser à exercer son sacerdoce et entreprendre un procès canonique devant le tribunal correspondant au diocèse. C'est à mes yeux l'attitude qui s'impose, je ne crois pas comme certains qu'il faille maintenir un certain esprit de corporation pour préserver l'image de l'institution. Il me semble que cette solution a été proposée un jour aux États-Unis : changer le curé de paroisse. C'est stupide, parce que le curé emporte le problème avec lui. La réaction corporatiste mène à cela, c'est pourquoi je ne suis pas d'accord avec ce type de règle. Récemment, en Irlande, on a révélé des cas qui duraient depuis une vingtaine d'années, et Benoît XVI a été très clair : « Tolérance zéro pour ce type de crime. » J'admire son courage et sa droiture dans ce dossier.

AS : Le judaïsme ne possède pas une organisation religieuse pyramidale comme l'Église. Il appartient donc à chaque communauté d'exercer un contrôle sur ses chefs religieux. On trouve dans la littérature talmudique[1] un aphorisme qui dit : « Donne à chaque homme ton respect, et aussi ton soupçon. » Chaque homme doit lutter contre ses passions, il peut commettre des erreurs, et les communautés doivent exercer un type de contrôle : le rabbin à l'égard de ses disciples, mais cela marche dans les deux sens. Quand on constate que le rabbin s'est mal comporté, selon la gravité des actes, il doit être démis de ses fonctions. On rencontre dans le séminaire rabbinique ce que vous signaliez tout à l'heure à propos du sacerdoce : certains veulent se vouer au rabbinat à cause de certaines pathologies. Pour cela, nous menons nous aussi des études psychologiques confidentielles à l'entrée. Il faut être très attentif à ne pas se tromper sur le compte des individus auxquels nous confions du pouvoir et que nous autorisons à devenir les chefs spirituels d'une communauté. Dans les années 1970, il y a eu une plainte contre Marshall Meyer[2], le fondateur

1. Derech Eretz Rabbah 5.

2. Marshall Meyer est un rabbin américain qui a vécu vingt-cinq ans en Argentine. Il y a introduit le mouvement juif conservateur et, pendant la

du Séminaire rabbinique et du Mouvement conservateur en Argentine, rien de moins. À l'époque où je l'ai connu, tout cela le faisait encore souffrir. Il est indéniable qu'il a provoqué une révolution spirituelle au sein de la communauté juive argentine et de la société en général : il a risqué sa peau en défendant les Droits de l'homme en pleine dictature. Il s'est engagé, a rendu visite à des prisonniers politiques en prison, fait jouer ses contacts, conseillé et soutenu un très grand nombre de pères et de mères de disparus. Il s'est battu avec acharnement pour le retour de la démocratie. À mon avis, il a bien mérité d'être décoré par le président Alfonsín de l'Ordre du Libertador San Martín, le plus important en Argentine. Tout cela, il l'a fait après avoir dû affronter cette plainte. Je ne peux pas me prononcer sur ce qui est arrivé parce que je ne connais pas le dossier. Mais il y a bien eu une plainte. Les enquêtes judiciaires n'ont révélé aucun manquement de la part de Meyer. Un chef spirituel doit non seulement se conduire correctement aux yeux de Dieu, mais aussi aux yeux des hommes. Il doit faire extrêmement attention et éviter toute attitude ambiguë pouvant prêter le flanc aux soupçons.

---

dictature, s'est opposé avec ferveur à la répression : il a rendu visite aux prisonniers politiques en prison, obtenu la libération de quelques-uns, aidé certains persécutés à quitter le pays et dénoncé les crimes contre l'humanité aux yeux du monde. Il a fait partie de l'Assemblée permanente pour les droits de l'homme, fondé le Mouvement juif pour les droits de l'homme puis, une fois la démocratie rétablie, été désigné par le président élu, Raúl Alfonsín, en tant que membre de la Commission nationale sur la disparition de personnes. Il a reçu la médaille de l'Ordre du Libertador San Martín, la plus importante distinction que l'État argentin puisse accorder à un étranger.

7

À propos de la prière

ABRAHAM SKORKA : La prière doit servir à rassembler le peuple : c'est un moment où nous prononçons tous exactement les mêmes paroles. D'ailleurs, pour qu'elle ait plus de force, il faut – selon notre loi – qu'au moins dix Juifs la récitent. La prière sert aussi d'acte identificatoire : nous prions en employant les mêmes termes, de la même façon, dans une même intention. Mais, au-delà, la prière est un acte d'introspection profonde, par lequel chacun se recueille et entame un dialogue avec Dieu. Ce n'est pas facile, parce que, dans ce dialogue, il faut s'efforcer de distinguer sa propre voix de la Sienne. Quand on étudie la Bible en profondeur, c'est pour y trouver des règles qui nous permettent de ne pas confondre. En essence, tout acte mystique vise à se rapprocher de Dieu, à l'éprouver d'une façon ou d'une autre, c'est la condition première de la prière. Le verbe prier se dit en hébreu *leitpalel*, qui signifie se juger soi-même. Dès lors que l'on souhaite se rapprocher de Dieu, la première chose à faire, c'est de trouver ses propres fautes.

JORGE BERGOGLIO : La prière est un acte de liberté. Mais on est parfois tenté de la contrôler, ce qui revient à vouloir contrôler Dieu. C'est lié à une déformation, que ce soit l'excès de ritualisme ou une foule d'autres attitudes autoritaires. La prière consiste à parler et à écouter. Il y a des moments de silence profond, d'adoration, où l'on attend de voir ce qui va arriver. Dans la prière, le silence de la vénération s'accompagne d'un genre de marchandage, comme quand Abraham négocie avec Dieu pour les punis de Sodome et Gomorrhe. Moïse aussi négocie au nom de son peuple, il cherche à convaincre le Seigneur de ne pas le punir. C'est une attitude courageuse qui, avec l'humilité et l'adoration, est indispensable à la prière.

AS : Le pire qui puisse se produire dans le rapport avec Dieu, ce n'est pas d'en venir à se disputer avec Lui, mais à éprouver de l'indifférence à Son égard. L'homme religieux, même dans les pires circonstances, continuera de s'adresser à Dieu, comme l'ont fait des milliers de personnes au moment de pénétrer dans la chambre à gaz où elles mouraient en scandant : « Écoute, Israël, l'Éternel est notre Dieu, l'Éternel est un », notre profession de foi. Malgré tout ce qui leur arrivait, ces gens continuaient de croire en Lui. Dans nos prières rituelles pour le Jour du Grand Pardon, il y a un récit[1] concernant des textes retrouvés dans les ruines du ghetto de Varsovie dont l'auteur raconte que sa femme et ses enfants sont morts et

1. Ce récit, écrit après la Seconde Guerre mondiale par Zvi Kolitz, est sûrement inspiré par l'attitude de milliers de Juifs pendant la Shoah. Il a paru dans *Yossel Rakover s'adresse à Dieu*, Calmann-Lévy, 1998.

qu'il est le seul survivant de sa famille. S'adressant à Dieu avec une immense douleur, il dit à un moment que malgré toutes ces mises à l'épreuve, il continuera de croire en Lui. Ça, c'est la foi véritable.

JB : L'indifférence peut prendre différentes formes. Quand les actes liturgiques tendent à se transformer en événements sociaux, ils perdent de leur force. C'est le cas de la célébration du mariage, par exemple, dont on se demande parfois ce que la cérémonie comporte de religieux quand le ministre prêche certaines valeurs que ne partagent pas les mariés. Ils se marient pour recevoir la bénédiction de Dieu, mais ce désir est si discret qu'on ne le perçoit plus du tout. Dans certaines églises – et franchement, je ne sais comment y remédier –, on assiste à une rivalité féroce entre les demoiselles d'honneur et la mariée, au niveau des tenues vestimentaires, par exemple (ou du manque de tenue). Ces dames n'accomplissent aucun acte religieux, elles viennent se montrer. Cela pèse sur ma conscience, en tant que prêtre, je laisse faire et ne trouve pas de façon d'y mettre fin. Je prends l'exemple du mariage, parce que c'est là que c'est le plus apparent.

AS : C'est parce que nous vivons dans une société du « ici et maintenant », très séculière. Le seul remède que je vois à ce type de situation, c'est de réunir à l'avance les parents et le couple pour leur expliquer la valeur de la cérémonie, de préparer le terrain. Je leur dis de ne pas oublier qu'ils vont entrer dans un temple, que nous n'imposons pas de règles d'humilité, mais qu'ils se disent bien qu'ils auront toujours l'occasion de porter plus tard un tulle ou une lavallière. Lors de cette réunion, je m'efforce de conférer de la dignité au mariage, de mettre l'accent sur les défis qu'affrontera le couple : construire un foyer, mettre au monde des enfants. J'en fais autant dans mon prêche, je sais que c'est ma chance d'empêcher ce moment de se transformer en défilé de mode ou en concours de superficialité.

JB : Pour rester sur l'exemple du mariage, nous effectuons nous aussi cette préparation. Nous partons de la réalité – parce que certains vivent déjà ensemble, d'autres sont fiancés depuis peu – et le curé dialogue avec eux en essayant de mettre l'accent sur les valeurs religieuses. Dans certaines églises, cette préparation est très bien menée, dans d'autres elle est plus sommaire. Il en va de même avec la première communion. Les filles, par exemple, ne mettent plus de robe de communiante, mais une tunique blanche comme tant d'autres. Les robes ont disparu. Quand on cherche à prendre le contrôle de la prière, quand on devient indifférent à sa relation avec Dieu, on finit par donner de l'importance aux mondanités. Vous avez évoqué cette culture en parlant de société séculière. Je crois que la vie dans le monde est narcissique, consumériste, hédoniste. Il faut que la célébration liturgique ait une autre tonalité, plus en rapport avec le spirituel, la rencontre avec Dieu.

AS : Dans le judaïsme actuel, il n'existe pas de séparation entre ce qui est spirituellement pur et ce qui est simplement matériel, de même qu'il n'y a pas de séparation entre le corporel et le spirituel.

L'homme est un tout. Ce que nous faisons de notre corps doit être l'expression d'un sentiment profond. Quant à l'argent, ce n'est pas un mal en soi ; tout dépend de ce qu'on en fait. C'est un moyen. Quand l'argent devient une fin en soi, et que seul compte le fait d'en avoir toujours plus, là ça devient un mal. Les communautés religieuses aussi ont besoin d'argent pour vivre et mener leurs activités. Mais, face à cette nécessité, il faut faire très attention, l'administrer avec le sérieux d'une entreprise ou d'une ONG, parce que sinon on risque de couler. Jusque dans les plus modestes synagogues, les paroissiens payent leur siège lors des grandes fêtes, ils réservent leur place. Ceux qui montent au pupitre pour lire la Torah et les livres des prophètes payent le privilège d'honorer Dieu par la lecture. Certains payent aussi pour qu'un autre ait ce privilège, pour que le démuni puisse lui aussi honorer Dieu. Autrefois, quand on voulait honorer Dieu, les fidèles devaient apporter un de leurs biens et le Lui offrir. L'une des nombreuses façons de L'honorer consistait à régler les questions matérielles pour donner libre cours aux questions spirituelles. L'un des moments où l'on reçoit le plus de dons, c'est juste avant le Grand Pardon. On convoque les personnes aisées – à condition que ce soient des gens bien – et on leur offre l'honneur de tenir la Torah. Mais on n'appelle pas seulement les gens en bonne posture économique, on invite aussi ceux qui méritent d'être particulièrement distingués pour l'intégrité de leur comportement. Il faut maintenir l'équilibre, parce que celui qui soutient une institution en donnant un peu de ce qui lui appartient mérite aussi d'être distingué. Chacun recherche une reconnaissance, l'un pour ce qu'il accomplit toute l'année, l'autre pour son don matériel. L'argent n'est pas toujours mauvais, cela dépend de l'usage qu'on en fait.

JB : Je trouve intéressant qu'en partant de la question de la prière, nous soyons arrivés à celle de l'indifférence et de l'argent. Dans la tradition catholique, il n'y a plus de places réservées. Il y a bien la quête pendant la messe, qui sert à l'entretien du culte. Il est idéal que ces moyens, qui sont nécessaires, proviennent des fidèles et non d'autres sources. Il arrive que certains chosifient cet usage de l'argent et lui attribuent un pouvoir magique, on croit que, grâce au don, on obtiendra je ne sais quoi. Or ce n'est pas un achat mais une offrande qui s'inscrit dans la lignée de ce que vous disiez. Je suis très mal à l'aise quand, pour certaines cérémonies religieuses, on établit une « liste des prix ». Il y a deux ans, j'ai vu qu'une paroisse de Buenos Aires pratiquait des tarifs pour les baptêmes, variables selon le jour. Ou parfois, le couple qui souhaite se marier voit la secrétaire paroissiale lui tendre la « carte des tarifs » : avec le tapis, ça coûte tant, sans le tapis, ça coûte tant, etc. On fait du culte un commerce. C'est nous qui suscitons ces attitudes. Dans l'Évangile, Jésus fait une réflexion très intéressante. Il regarde avec les apôtres la tirelire du temple où les fidèles déposent leurs offrandes. Les riches y mettent beaucoup d'argent et, soudain, une veuve vient déposer une piécette. Jésus dit à ses disciples : « Cette femme a mis plus que tous les autres. » Parce que les autres avaient déposé ce qu'ils avaient en trop, alors qu'elle avait mis ce qu'elle avait pour vivre. Voilà la vraie offrande. Ce n'est pas l'excédent, il faut que le geste implique une privation. Quand les gens viennent se confesser, je leur demande s'ils font l'aumône. Ils me répondent généralement que oui, alors je leur demande s'ils regardent la personne dans les yeux. La réponse habituelle est « Je ne sais pas ». Je pousse plus loin : « Et vous lui touchez la main, au mendiant des rues ? » Là, ils rougissent, ils ne répondent pas. L'aumône est un acte de profonde générosité humaine quand elle est accomplie pour le prochain, c'est le sens de l'aumône. Ce n'est jamais un achat.

AS : L'une des plus fortes critiques qu'émettent les prophètes porte sur le fait que le peuple prie alors qu'il ne pratique pas d'actes de justice. On ne peut pas faire l'un sans l'autre, il est indispensable d'aider son prochain, de donner du pain à celui qui a faim, des habits à celui qui est nu. Celui qui a du sang sur les mains ne peut pas prétendre d'un coup se mettre à parler avec Dieu ; celui qui a commis un vol ou une escroquerie non plus. Nous devrions œuvrer pour une réalité où personne ne soit obligé de tendre la main pour demander l'aumône, voilà le vrai défi. Toute société où cela existe est malade. À ce propos, prier c'est aussi regarder dans les yeux, toucher les mains de celui qui souffre pour témoigner qu'il est lui aussi ton frère, et prendre conscience que le défi à relever, c'est qu'il n'y ait plus de nécessiteux.

JB : L'acte de justice que l'on commet en aidant son prochain doit être une prière en soi. Sans cela, on tombe dans le péché d'hypocrisie, qui est une sorte de schizophrénie de l'âme. Ce genre de pathologie menace dès lors que l'on ne comprend pas que le Seigneur est présent en mon frère et que mon frère a faim. Un être qui ne prend pas soin de son frère ne peut pas parler avec le père de ce frère, avec Dieu. Notre tradition commune a toujours pris cela en considération. J'aimerais aussi évoquer autre chose, c'est la valeur de la contrition dans la prière : demander à Dieu qu'il ait pitié de moi parce que je suis un pécheur. Dans l'une de ses paraboles, Jésus raconte qu'un homme riche est au temple en train de prier, il remercie le Seigneur de ne pas l'avoir fait comme les autres hommes, il respecte parfaitement la loi et accomplit tout ce qui lui est demandé. Derrière lui se trouve l'homme qui recouvre l'impôt pour le compte des Romains, étendu sur le sol, n'osant pas lever la tête, réclamant pitié pour ses péchés. Le premier ressort comme il était entré, mais le second est absous. C'est cela, la contrition : se placer sous le regard de Dieu, reconnaître ses combines, ses péchés, s'humilier devant Lui. C'est pour cette raison que l'arrogant ne peut pas prier, sa suffisance ne le lui permet pas.

AS : Celui qui a péché peut revenir à Dieu. Il faut ouvrir la porte à celui qui veut revenir auprès du Seigneur. Par ailleurs, il serait bon pour l'humanité que ceux qui ont infligé la mort à beaucoup de gens, que ce soit au nom d'une idéologie ou, pire encore, au nom de Dieu, fassent sincèrement acte de contrition. Les actes de ces dirigeants néfastes ont pris origine dans un hédonisme religieux abject, ils se sont sentis supérieurs au Créateur. Ils ont considéré que leurs ordres étaient un commandement irrévocable qui devait être impérativement exécuté. En agissant de la sorte, ils n'ont pas honoré Dieu, mais des intérêts très bâtards. Ces erreurs ne peuvent pas se reproduire. L'acte religieux est la plus sublime des manifestations humaines, à condition qu'il soit pur. Tout le reste est une distorsion ; on l'utilise pour fabriquer des réalités hédonistes où l'on idolâtre l'homme, l'ego. La Bible est un récit de simplicité, d'humilité, dans lequel l'homme combat ses passions. On y voit David commettre des erreurs et les reconnaître, on y voit Abraham, dans sa grandeur et dans sa bassesse, dans ses luttes intimes, dans la grandeur et la bassesse de sa condition humaine. Mais, après cela, il est souvent arrivé que l'on combatte pour les institutions, que l'on tue pour les défendre au nom de Dieu. On assassinait, en fin de compte, pour l'institution, pour un pouvoir, pour un empire. Ainsi en est-on arrivé à la dévalorisation de la religion quand, en vérité, ce qui s'est dévalorisé, c'est l'institution religieuse à cause de diverses erreurs commises, non la quête sincère de Dieu.

JB : David s'est à un moment rendu coupable d'adultère et d'assassinat et, pourtant, nous le vénérons comme un saint parce qu'il a eu le courage de dire « J'ai péché ». Il s'est humilié devant Dieu. Il peut arriver qu'on provoque une catastrophe, mais on peut aussi le reconnaître, changer de vie, et réparer le tort commis. Il est vrai que, dans la paroisse, se trouvent certains individus qui ont tué, par leurs paroles ou par leurs actes, mais il y a aussi ceux qui l'ont fait de façon indirecte par un mauvais usage du capital, en payant des salaires injustes. Ils appartiennent peut-être à une association caritative, mais ne paient pas leur dû à leurs employés, ou alors ils les font travailler « au noir ». C'est l'hypocrisie, la schizophrénie dont je parlais. Pour certains d'entre eux, nous connaissons leurs antécédents, nous savons qu'ils font semblant d'être de bons catholiques, mais leur attitude indécente montre qu'ils ne se repentent pas. C'est ce qui me pousse, dans certains cas, à ne pas donner la communion moi-même, je reste en retrait et laisse faire mes assistants, parce que je ne veux pas que ces gens puissent ensuite se faire prendre en photo à mes côtés. On pourrait refuser la communion à un pécheur notoire qui ne s'est pas repenti, mais ces choses sont très difficilement vérifiables. Recevoir la communion signifie recevoir le corps du Seigneur, avec la conscience que nous formons une communauté. Mais si un homme, au lieu d'unir le peuple de Dieu, a brisé la vie d'un grand nombre de personnes, il ne peut pas communier : ce serait une contradiction absolue. On rencontre cette hypocrisie spirituelle chez beaucoup de gens qui se réfugient au sein de l'Église et ne vivent pas selon la justice proclamée par Dieu. Ils ne montrent pas non plus de repentir. On dit vulgairement qu'ils mènent une double vie.

8

À propos de la culpabilité

JORGE BERGOGLIO : La culpabilité peut se comprendre de deux façons : comme une transgression et comme un sentiment. Cette dernière acception n'est pas religieuse, mais j'irais jusqu'à dire qu'elle peut se substituer à un sentiment religieux, c'est un peu la voix intérieure qui signale que je me suis trompé, que j'ai mal agi. Certaines personnes ont une prédisposition pour la culpabilité, elles ont besoin de vivre dans la culpabilité; c'est un sentiment psychologique maladif. Ensuite, s'en remettre à la miséricorde de Dieu paraît beaucoup plus facile, parce que je n'ai qu'à aller me confesser, et c'est bon : le Seigneur me pardonne. Mais ce n'est pas si simple, parce que je n'y suis allé que dans l'intention de me blanchir. Et la transgression est davantage qu'une simple salissure, c'est bien plus grave. Certains jouent avec cette histoire de culpabilité, et du coup la rencontre avec la miséricorde de Dieu devient une sorte de passage au pressing, il suffit de nettoyer la tache. Et ils ne font ainsi qu'aggraver les choses.

ABRAHAM SKORKA : Je suis tout à fait d'accord. Il y a le domaine de l'anecdote – l'image de la mère juive culpabilisatrice –, mais cela n'a rien à voir avec l'essence de la notion judéo-chrétienne de culpabilité, parce que, lorsqu'on commet une transgression, la possibilité de rachat existe. Il faut transformer sa personnalité pour que cela ne se reproduise pas. Il ne suffit pas de dire : « Je me suis trompé », et c'est fini. Évidemment, prononcer une prière, faire un don comme un acte de profonde charité peut servir, mais à condition que ce soit la manifestation d'une évolution sincère. Quand on dit que les religions jouent avec la transmission de la culpabilité judéo-chrétienne, c'est un immense malentendu, puisque, dans leur conception, commettre une transgression n'est pas la fin du monde. Tout le monde peut se tromper, mais il faut réparer, arranger. Et, surtout, ne pas recommencer.

JB : Seule, la culpabilité appartient au monde de l'idolâtrie. C'est un recours humain parmi d'autres. Sans réparation, la culpabilité ne me grandit pas.

AS : Je ne crois pas que la culpabilité soit un sentiment exclusivement religieux. C'est une affaire culturelle. On transmet des sentiments culpabilisants dès que l'on dit : « Ne fais pas ceci ou cela. » On crée chez l'enfant une conscience de ce qui est correct et de ce qui ne l'est pas, et l'on nourrit en lui la notion de culpabilité qui conduit à celle de punition et de justice. Pour notre part, nous soutenons que la justice ne se rend pas seulement au niveau des humains, mais qu'il faudra un jour rendre des comptes devant Dieu. Après tout, c'est Lui qui nous a révélé les commandements : « Tu ne voleras point », « Tu ne tueras point ». L'idée de culpabilité doit exister pour qu'on sache que, si quelqu'un commet un acte destructeur, il faudra bien d'une façon ou d'une autre qu'il rende des comptes.

JB : Autrefois, on faisait appel au père Fouettard ou au croque-mitaine. Aujourd'hui, si tu dis à un enfant que le père Fouettard va venir, il éclate de rire. Dans notre enfance, on nous le disait. La peur n'est alors qu'une exagération, une mauvaise méthode d'éducation. Le courant puritain du système a beaucoup versé là-dedans. Le problème, c'est que cela présente la transgression comme une chose qui t'éloigne de Dieu. Je choisis plutôt saint Augustin, qui parle de rédemption, de l'amour de Dieu, et qui dit au sujet du péché d'Adam et Ève : « Heureuse faute. » Je le prends au mot. Comme si Dieu disait : « J'ai permis à certains de commettre une transgression pour que leur visage soit gagné par la honte. » Parce que c'est là qu'ils rencontreront le Dieu de la miséricorde. Sinon, il s'agit de ces chrétiens qui ont de bonnes manières, mais de mauvaises habitudes dans le cœur : les prétentieux. Parfois, la transgression nous rend humbles en présence du Seigneur et nous conduit à demander pardon.

AS : Une fois de plus, nous sommes d'accord. La transgression existe pour nous montrer que nous ne sommes pas parfaits. Même celui qui dit qu'il souhaite l'être va se tromper quelque part. Qu'il transgresse pour se rendre compte qu'il n'est pas autosuffisant, qu'il connaisse une frustration, si minutieux et juste soit-il. L'autosuffisance peut détruire des mondes entiers.

9

À propos du fondamentalisme

ABRAHAM SKORKA : Le rabbin comme le prêtre doivent inciter, conduire, s'efforcer de rapprocher l'homme de Dieu, enseigner. Rabbin est synonyme de maître. Quel est le rôle du prêtre dans le catholicisme ?

JORGE BERGOGLIO : Il est triple : professeur, guide du peuple de Dieu et président de l'assemblée liturgique, au sein de laquelle s'accomplit la prière, l'adoration.

AS : L'approche de Dieu se fait-elle comme dans le judaïsme ? Pour notre part, nous disons : « Je peux t'aider, je peux t'apprendre ce que disent les livres, mais la clameur doit naître en toi. »

JB : L'enseignement comporte aussi cet aspect. On ne peut jamais suppléer à la décision de l'autre. Le prêtre qui s'arroge une direction exclusive, comme dans les groupes fondamentalistes, annihile l'individu, il le castre dans la quête de Dieu. Le prêtre, dans son rôle de maître, enseigne la vérité révélée, il la propose et accompagne le fidèle. Dût-il assister à des échecs, il l'accompagne. Le maître qui s'attribue toutes les décisions à la place du disciple n'est pas un bon prêtre, c'est un dictateur, un annihilateur de la personnalité religieuse des autres.

AS : C'est un point très important, parce que, dans certains cercles juifs, des chefs religieux très charismatiques ont beaucoup d'influence, et, si le maître dit telle chose, on n'a d'autre choix que lui obéir. Même quand cela touche aux choses les plus intimes. Dans le monde actuel, où l'insécurité est si terrible, où tout change d'un instant à l'autre, beaucoup exigent un peu de « vérité », des affirmations solides au milieu d'une réalité liquide, même s'il ne s'agit que de choses superficielles. Certaines vérités au sujet de Dieu ne se rencontrent que dans l'intimité. Dans le judaïsme comme dans d'autres confessions, on rencontre des chefs qui annihilent la religiosité censée émaner du plus profond de l'individu, ils se prononcent sur la vie de l'autre. Qu'en est-il dans le catholicisme ?

JB : Le maître propose les vérités de Dieu, il montre la voie. Mais, si c'est un vrai maître, il laisse son disciple trouver sa voie et se contente de l'accompagner dans sa vie spirituelle.

AS : Et combien de faux maîtres y a-t-il ? Se sont-ils multipliés dernièrement ?

JB : Oui, les groupuscules dits « restaurationnistes » se sont multipliés ; à mes yeux, ce sont des fondamentalistes. Comme vous l'avez dit, dans cette accumulation d'incertitudes, ils disent aux jeunes : « Fais ceci, fais cela. » Alors le gamin ou la gamine de dix-sept ou dix-huit ans se laisse emporter, on le fait avancer à coup de directives rigides et, en vérité, on lui confisque sa vie et, à trente ans, il explose. Parce qu'on ne l'a pas préparé à affronter les mille et une crises de l'existence, pas plus que les mille et une erreurs ou les mille et une injustices que l'on commet. Il n'a pas d'éléments pour connaître ou comprendre ce qu'est la miséricorde de Dieu, par exemple. Ce type de religiosité, très rigide, se pare de doctrines qui prétendent apporter des justifications, mais en réalité elles privent l'individu de liberté et l'empêchent de grandir. Beaucoup finissent dans une double vie.

AS : Le fondamentalisme est une attitude : on vous dit c'est comme ça, et ça ne se discute pas, il ne peut en être autrement. Il ne faut pas non plus tomber dans l'autre extrême, celui du n'importe quoi. Il faut trouver le juste milieu. Comme le professait Maïmonide au Moyen Âge, il faut trouver le « chemin doré ». Cela concerne non seulement la religion, mais absolument tous les domaines, à commencer par le politique. Ce qu'il y a, c'est que dans le domaine religieux, c'est beaucoup plus douloureux. Quand on tue au nom de Dieu, ça fait infiniment plus mal. Le mal, d'une certaine façon, est supérieur puisque, outre la perversité du crime et la perte de dignité sur le plan humain, il y a aussi destruction au niveau de la foi. On détériore, pour ainsi dire, sa crédibilité. Je parle de la foi au sens le plus large : la foi en Dieu et la foi en la réalisation de la paix et de l'harmonie entre les individus.

JB : En général, les fondamentalistes passent au sein de la communauté religieuse pour des bêtes curieuses. C'est pourquoi le regard du chef religieux sur les groupes fondamentalistes de la communauté a autant d'importance. Certains sont naïfs, ils ne les repèrent pas et tombent dans le piège. Mais il y a un instinct qui nous fait dire : « Ce n'est pas la voie que je veux suivre. » Le commandement du Seigneur est : « Marche devant moi et sois irréprochable.[1] » En avançant, tout peut nous arriver, et ça, Dieu le sait. L'être irréprochable se repent des erreurs commises et revient auprès du Seigneur. Le fondamentaliste ne peut tolérer la moindre défaillance en lui-même. Dans une communauté religieuse saine, il est immédiatement repéré. On entend dire : « Lui, c'est un extrémiste, il va trop loin, il faut être un peu plus compréhensif. » Le fondamentalisme ne correspond pas à la volonté de Dieu. Quand j'étais enfant, par exemple, il y avait dans ma famille une certaine tradition puritaine, pas fondamentaliste mais un peu dans cette lignée-là. Si un proche divorçait ou se séparait, on ne mettait plus les pieds chez lui ; on n'était pas loin de croire que tous les protestants iraient en enfer. Mais je me souviens d'un jour où je me trouvais avec ma grand-mère quand deux femmes de l'Armée du Salut ont frappé à la porte. Je devais avoir cinq ou six ans, je lui ai demandé si c'étaient des sœurs, parce

1. Genèse 17:1

qu'elles portaient une sorte de petite coiffe à cette époque. Elle m'a répondu : «Non, ce sont des protestantes, mais elles sont braves.» C'était la sagesse de la véritable religion. C'étaient de braves femmes qui faisaient le bien. Cela détonait par rapport à la formation puritaine qu'on recevait par ailleurs.

AS : Un chercheur français connu, Gilles Kepel, a écrit un livre intitulé *La Revanche de Dieu*[1]. C'est un tour d'horizon du fondamentalisme islamique, mais il commence par parler du fondamentalisme juif et chrétien. C'est une analyse politique, conjoncturelle, qui signale que c'est lors des grandes crises – par exemple celle du pétrole, dans les années 1970 – qu'apparaît le fondamentalisme. Il aborde le phénomène sous l'angle sociologique. À partir de la théorie de la psychologie des masses, il parvient à trouver un certain type de logique, d'explication à la question. Le phénomène du fondamentalisme existe aussi dans le judaïsme. L'assassinat d'Itzhak Rabin[2], par exemple, en a été l'épisode le plus douloureux. Il faut honorer Dieu à travers la liberté et en honorant autrui. Dieu dit que je dois respecter mon prochain comme moi-même. Quand un Juif prie tous les jours, sa prière commence comme ceci : «Notre Dieu et Dieu de nos pères, Dieu d'Abraham, Dieu d'Isaac et Dieu de

1. Le Seuil, coll. «Points», 1991.

2. Itzhak Rabin a été deux fois Premier ministre d'Israël. Il a reçu le prix Nobel de la paix en 1994 avec le dirigeant palestinien Yasser Arafat, pour les pourparlers de paix entre les deux peuples qui ont abouti à l'accord d'Oslo. Il a été assassiné dans l'exercice de ses fonctions de Premier ministre, en 1995, par un étudiant juif appartenant à la droite religieuse radicale israélienne.

Jacob... » Pourquoi répète-t-on le nom de Dieu avant chaque patriarche ? Parce que chacun a établi avec Lui une relation différente. Aucun ne peut imposer sa vérité à l'autre, de façon arbitraire. Il faut éduquer, induire, et chacun exprimera cette vérité à sa façon, selon son sentiment sincère, autant de choses que le fondamentalisme exècre.

JB : Ce type de fondamentalisme restaurationniste est aussi un opium, parce qu'il nous éloigne du Dieu vivant. L'opium est une idole aliénante, comme toutes les idoles. On réduit Dieu à un être que l'on peut manipuler à travers les prescriptions : « Si je fais ça, ça ira pour moi, si je fais ça, je ne manquerai de rien. » C'est une façon d'acheter le bien-être, la fortune, le bonheur. Mais il ne s'agit plus d'un Dieu vivant qui t'accompagne sur le chemin.

AS : Le fondamentalisme va plus loin, il associe à l'évaluation le jugement d'autrui. Étant donné que l'autre ne vit pas comme j'estime que Dieu ordonne de vivre, je peux le tuer. C'est le fondamentalisme extrême, celui qui porte en lui la haine. Et, bien entendu, ce que vous dites est vrai, c'est une autre forme d'opium, d'aliénation. Combien de gens très fortunés vont voir les faiseurs de miracles, les mystiques, les cabalistes en croyant que, s'ils accomplissent certaines choses précises, leur sort sera meilleur ? Je suppose que ce doit être dans l'Église comme chez nous, où certains individus remettent des sommes d'argent considérables aux rabbins pour les œuvres de bienfaisance, les écoles, les orphelins, pour arracher des enfants à la rue... mais avec en tête l'idée qu'ils donnent à quelqu'un qui est en contact avec «là-haut» et fera jouer son influence pour qu'ils obtiennent bonheur et prospérité, comme si l'on pouvait duper Dieu. Je ne sais ce qu'il en est dans le catholicisme...

JB : Il existe aussi, parfois, une tendance à vouloir s'offrir une protection divine, à acheter Dieu. Ou, plus exactement, à essayer de le soudoyer. Dieu ne se prête pas à ce type de relation. La prière d'une personne qui a cette attitude n'est jamais qu'un soliloque.

AS : Parce que la corruption, c'est comme le tango, ça se pratique à deux. L'un donne et l'autre reçoit. Ce n'est pas seulement le problème du fidèle, mais aussi celui du prêtre qui y prend part.

JB : Un jour, à l'époque du «un pour un»[1], deux représentants de l'État sont venus me voir au presbytère de Flores car ils prétendaient disposer de fonds pour les quartiers en situation d'urgence. Ils se sont présentés comme de fervents catholiques et, après un moment, ils m'ont offert 400 000 pesos pour les bidonvilles. Il m'arrive d'être ingénu, mais ce jour-là mon *alertomètre* fonctionnait bien. Je leur ai posé toutes sortes de questions sur leur projet, et ils ont fini par avouer que, des 400 000 pesos pour lesquels je signerais un reçu, ils garderaient la moitié pour eux. Je m'en suis sorti avec élégance : les vicariats locaux ne possèdent pas de compte en banque, et moi non plus, et je leur ai donc dit qu'ils devaient déposer l'argent à la curie, qui n'accepte de

1. Période de onze années (1991-2002) où, par décision législative, un peso argentin valait un dollar. (*N.d.T.*)

dons que sous forme de chèque ou sur présentation du bordereau de remise à la banque. Je n'ai plus jamais entendu parler d'eux. Si ces individus m'ont fait une telle proposition sans prendre la moindre précaution, c'est forcément parce qu'un prêtre ou un religieux s'était prêté par le passé à une opération de ce type.

AS : Parce que, en fin de compte, c'est l'homme qui fait les institutions...

10

À propos de la mort

JORGE BERGOGLIO : Dieu donne toujours la vie. Il te donne celle d'ici et il te donne celle dans l'au-delà. C'est le Dieu de la vie, pas de la mort. Dans notre lecture théologique du mal, il y a la scène du péché. Le mal est venu au monde par l'astuce du Démon, qui – on l'a vu – s'est pris de jalousie parce que Dieu avait fait de l'homme le plus parfait des êtres. Dans notre système de croyances, la mort est une conséquence de la liberté des hommes. C'est nous, par nos péchés, qui avons opté pour la mort, venue dans le monde parce qu'on a permis la désobéissance à l'égard du projet de Dieu. Le péché est arrivé, comme une marque d'arrogance face aux plans du Seigneur, et la mort l'accompagnait.

ABRAHAM SKORKA : Dans le judaïsme, il y a toute une gamme d'explications à propos de la mort. Nous ne connaissons pas la notion de péché originel, mais voici comment nous interprétons la chose : il y avait deux arbres, situés au milicu dc l'Edcn, l'un était l'arbre de la connaissance du bien et du mal, et l'autre, celui de la vie. En essence, ces arbres étaient ordinaires. Contrairement à ce que l'on prétend habituellement, l'arbre de la connaissance du bien et du mal n'était pas un pommier, mais un figuier, dont les feuilles ont servi de vêtement à Adam et Ève[1]. L'arbre qui a donné lieu à la transgression des commandements divins est aussi celui qui allait leur permettre de se couvrir[2]. Il s'agissait de simples arbres, mais ils représentaient tout ce qu'il ne faut pas faire et rappelaient à l'homme qu'il n'est pas maître de tout. Or l'homme a défié Dieu. Cette transgression se prête à toute un gamme d'interprétations, la question n'est pas dogmatique. Quelque chose s'est perdu, mais on ne sait pas tout à fait quoi. Une part de spiritualité est morte en l'homme, mais la mort était déjà là parce qu'elle est dans la nature. Je crois que, dès l'instant où il a créé l'homme, Dieu a décidé de lui donner une durée de vie. Peut-être y a-t-il aussi dans la mort quelque chose de bon. Tout ce qu'a fait Dieu, il l'a fait pour le bien. La mort n'est pas un sujet facile. Paradoxalement, j'y vois la grande question de la vie. Selon la réponse qu'on y apporte, on définit ce qu'on fait de son chemin sur la Terre. Si l'on croit qu'avec la mort tout s'achève, qu'on retourne à la poussière, comme dit le verset[3], nos actes n'aspireront pas à quelque type de transcendance que ce soit, ils se focaliseront sur l'ici et le maintenant, selon une conception hédoniste, égocentrique, égotiste de la vie. Mais, en vérité, l'homme est semblable à l'arbre, il doit

1. Genèse 3:7.
2. Selon le Berakhot 40, a.
3. Genèse 3:19.

accomplir un cycle, donner ses fruits et permettre ensuite que reprennent de nouveaux cycles par l'intermédiaire des graines qu'il a lui-même plantées. Ce que nous montre la vie, c'est qu'il y a de la transcendance sur Terre. Le texte de la Bible procède par insinuations, il ne parle pas directement de ce qu'il advient de l'individu après la mort. Mais il ne manque pas de souligner la transcendance : ce que tu fais aujourd'hui rejaillira sur tes enfants. On trouve dans la littérature religieuse beaucoup de malédictions transmises de père en fils ou de famille en famille. Celle d'Eli, par exemple, le grand prêtre qui a reçu Samuel et l'a formé. Comme ses fils se conduisaient mal et qu'il se gardait de les réprimander, sa famille a été frappée par une malédiction qui s'est transmise de génération en génération. Jérémie en est le dernier porteur dont on ait eu vent. Le prophète ne s'est pas marié, il n'a pas eu d'enfants, il n'a pas fondé de foyer... Il le dit lui-même, il est un homme de querelle et de dispute[1], c'est lui qui annonce la destruction de Jérusalem. Il n'est que plainte et douleur. La Bible étant un livre très laconique, le judaïsme en a fait une interprétation officielle, dans le Talmud ; c'est là qu'apparaît – avec beaucoup d'emphase – la notion du monde à venir. On y rencontre aussi l'idée qu'il y a un enfer, et celle de l'Eden en tant que lieu céleste. Comment tout cela est-il venu ? Je crois que c'est arrivé quand les sages se sont demandé pourquoi le juste souffre. Quelle est alors la justice de Dieu ? Pourquoi les sages qui souhaitaient enseigner la

1. Jérémie 15:10.

Torah ont-ils tous été martyrisés et dépecés par les Romains au temps d'Hadrien ? Pourquoi Dieu l'a-t-il permis ? La réponse, c'est qu'il y a une autre vie, et que chacun y reçoit la rétribution de ce qu'il a fait sur Terre. La question de cette autre vie est intuitive, elle relève de la foi, elle naît d'expériences religieuses très profondes. Pour nous qui croyons à l'éminence de l'humain, même pour les agnostiques, la mort n'est pas la simple dissolution du moi, c'est le défi de laisser un héritage à nos enfants, à nos élèves et à tout notre entourage. Contrairement à l'héritage matériel, celui-ci touche aux valeurs, au domaine spirituel.

JB : Je voudrais rebondir sur cette question de l'héritage. L'idée que nous devons laisser un héritage est une dimension anthropologique et religieuse des plus sérieuses, qui parle de la dignité. C'est se dire à soi-même : je ne me renferme pas, je ne me retranche pas dans ma vie, je vais au moins transcender à travers mes enfants, à qui je vais laisser un héritage. Et même si je n'ai pas d'enfants, il y a un héritage. C'est très net dans la Bible. C'est l'exemple de la vigne de Naboth[1], échue à son fils qui refuse de la vendre, préférant la conserver pour la transmettre aux générations futures. Celui qui ne vit que dans l'instant ne se pose pas la question de l'héritage, seules comptent la conjoncture, les années de vie dont il disposera. L'héritage, en revanche, se développe au fil de la pérégrination de l'humanité dans le temps : l'homme reçoit quelque chose et il doit laisser quelque chose

1. I Rois 21.

de mieux. Quand on est jeune, on ne regarde pas trop la fin, on donne plus de valeur à l'instant présent. Mais je me souviens de deux petits vers que m'a appris ma grand-mère : « Vois que Dieu te regarde, vois qu'Il est en train de te regarder ; vois que tu dois mourir et que tu ne sais pas quand[1]. » Ce texte était dans un cadre sur ma table de nuit et je le lisais chaque soir en allant me coucher. Soixante-dix ans plus tard, je ne l'ai pas oublié. Elle m'a appris un autre vers, qu'elle avait lu dans un cimetière en Italie : « Passant, suspends ton pas et songe, de tous tes pas, au dernier. » Elle m'a inculqué la conscience que tout a une fin, qu'il faut tout laisser en ordre. Dans la vie du chrétien, la mort doit être une compagne de route. Pour ma part, par exemple, il m'arrive tous les jours de penser que je vais mourir. Ça ne m'angoisse pas, parce que le Seigneur et la vie m'y ont préparé. J'ai vu mourir mes ancêtres, et c'est à présent mon tour. Quand ? Je l'ignore. Dans la tradition chrétienne, pendant la période de Pâques, on lit un verset en latin qui dit de façon admirable que la vie et la mort luttent au corps à corps. Elles le font en chacun de nous et il ne s'agit pas seulement de l'aspect biologique, mais de la façon dont on vit et on meurt. Il y a dans les Évangiles la question du jugement dernier, qui apparaît lié à l'amour. Jésus dit : à droite iront tous ceux qui ont aidé leur prochain et à gauche, tous ceux qui ne l'ont pas fait, car ce qu'a fait chacun de vous, c'est à moi qu'il l'a fait. Pour les chrétiens, le prochain, c'est la personne du Christ.

---

1. « *Mira que te mira Dios, mira que te está mirando ; mira que te has de morir y no sabes cuando.* » (*N.d.T.*)

AS : Ce que vous dites sur la lutte interne entre la vie et la mort est très intéressant. Ça me renvoie aux expressions «pulsion de vie» et «pulsion de mort» qui, en essence, ne sont pas une découverte absolue de Freud. Elles apparaissent dans le Deutéronome[1], dans des versets où Moïse dit au peuple d'Israël que Dieu prend à témoin le ciel et la terre, que la vie et la mort ont mis devant eux la bénédiction et la malédiction et qu'il faut choisir la vie. Cette tension interne existe, certaines personnes sont mortes alors que leur corps est encore en vie. Le dramaturge Florencio Sánchez[2] fait dire à l'un de ses personnages que tout homme sans caractère est un mort qui marche. La mort est un concept très profond, il y a des suicides spirituels et des suicides lents, comme celui du fumeur invétéré. Il y a les fous du volant, qui affichent un véritable mépris pour la vie d'autrui et pour la leur. C'est un flirt permanent avec la mort. Il faut s'interroger chaque jour sur ce que nous faisons de la mort, sur l'angoisse qu'elle suscite. C'est à travers ma foi que je façonne l'angoisse de la mort, je crois que, lorsqu'elle surviendra, j'entrerai dans d'autres réalités de type spirituel. Nous croyons qu'il y a une autre vie après la mort. Il serait arrogant de prétendre parler dès à présent des détails de ce monde à venir, c'est à peine si l'on distingue quelque chose.

JB : On emploie communément le terme *croire* en l'assimilant à la notion d'opinion, mais nous lui don-

1. Deutéronome 30:19-20.
2. Dans la pièce *Los Muertos*, c'est le personnage de Lisandro qui exprime ce sentiment.

nons ici un autre sens, avec une nuance de fermeté, d'adhésion. Quand je dis : « Je crois qu'il y a quelque chose dans l'au-delà », je dis en vérité que j'en suis sûr. Dans le langage théologal, la croyance est une certitude. Et la vie de là-bas se prépare ici, dans l'expérience de la rencontre avec Dieu, ça commence avec la stupeur de la rencontre. Quand Moïse rencontre Dieu, il a quatre-vingts ans, il est déjà bedonnant, il garde les moutons de son beau-père quand soudain lui apparaît un buisson ardent : c'est la stupeur. « J'ai vu Dieu », dit-il. Dans d'autres passages de la Bible, le Livre des Juges, par exemple[1], il est question de la peur de mourir après avoir vu Dieu. Non pas que le fait de Le voir soit un châtiment, mais le personnage est déjà dans l'autre dimension, il sait qu'il va y partir. C'est l'interprétation la plus riche que je trouve dans la Bible concernant l'au-delà. On ne peut pas vivre en état permanent de stupeur, mais le souvenir de ce moment ne s'oublie pas. On croit qu'il y a une autre vie parce qu'on commence déjà à la ressentir ici. Mais ce n'est pas un sentiment mielleux, plutôt une stupeur à travers laquelle Dieu s'est manifesté à nous.

AS : Beaucoup n'adhèrent pas à cette stupeur dont vous parlez – je les qualifierais d'agnostiques –, mais cela ne les empêche pas d'accepter la mort avec naturel. Ils souhaitent ne pas souffrir, préféreraient échapper à la maladie quand l'heure sera venue, mais ils ne sont pas angoissés, ils disent : « Ça viendra quand ça

1. Juges 13:22.

viendra.» C'est ce qui m'incite à réfuter la théorie selon laquelle la croyance en un monde futur serait une création théologique censée apaiser l'angoisse que suscite l'idée de la mort. Cette angoisse peut avoir divers motifs, notamment la peur qu'éprouve n'importe qui face à l'inconnu. Même si un monde futur existe, il nous fera peur parce que nous ne le connaissons pas. Tout changement dans la vie suppose un état d'angoisse. Certaines expériences qui surviennent au cours de l'existence ne s'expliquent pas facilement et nous transmettent un message très subtil. Je me souviens que, lorsque j'étudiais les livres des prophètes, à l'adolescence, je les sentais vibrer, j'avais l'intuition de dialoguer avec Dieu. J'avais une sensibilité particulière, une tradition familiale venue de gens que je n'ai jamais connus, qui sont morts dans la Shoah, des gens spirituellement très forts, bien plus que mes parents et mes grands-parents. Pourquoi ai-je eu cette sensibilité ? Comment se fait-il que ces choses soient inscrites dans les gènes ? Cela dépasse ma conscience ou mon subconscient. Cela signifie qu'il y a d'autres dimensions, une autre réalité.

JB : Si la croyance dans l'au-delà était un mécanisme psychologique visant à éviter l'angoisse, il n'aurait aucune utilité ; l'angoisse viendrait quand même. La mort est un dépouillement, c'est ce qui explique qu'on la vive avec angoisse. On s'accroche et on ne veut pas s'en aller, on a peur. Et aucune représentation de l'au-delà ne peut nous en délivrer. Le plus croyant des hommes ressent qu'on le dépouille, qu'il doit abandonner une part de son existence, de son histoire. Ce sont des sensations intransmissibles. Peut-être que ceux qui ont été dans le coma ont perçu quelque chose. Dans les Évangiles, avant la prière du mont des Oliviers, Jésus dit lui-même qu'il éprouve dans l'âme des angoisses à propos de la mort. Il a peur de ce qui adviendra, c'est écrit. Selon les récits évangéliques, il meurt en récitant le psaume XXI : « Mon Dieu, mon Dieu, pourquoi m'as-Tu abandonné ? » Personne n'y échappe. Pour ma part, j'ai confiance dans la miséricorde de Dieu, dans le fait qu'Il sera bienveillant. Disons qu'il ne s'agit pas d'une anesthésie de l'angoisse, mais d'une capacité à la supporter.

AS : Il est très angoissant de savoir que le temps est limité, et plus encore de ne pas savoir où se situe la limite. Il est vraiment terrible de se dire que notre existence est une absurdité de la nature et rien d'autre, que tout s'achève inexorablement avec la mort. La vie n'aurait alors aucun sens, pas plus que les valeurs ou la justice... C'est une vision très extrême. Il reste deux possibilités : pour celui qui ne veut pas aborder la question de Dieu, l'humanité possède un sens intrinsèque, le message de bonté, de justice, se transmet de génération en génération ; et pour nous qui croyons en Dieu, nous croyons évidemment qu'une étincelle de Lui est en nous et que la mort n'est qu'un changement de situation.

JB : Je lisais récemment un auteur du IIe siècle pour qui la période de Pâques constituait comme un raccourci du cheminement complet. Et il le rapportait à la vie. En quelque sorte il disait : « Ne perdez pas de vue la destination et prenez garde à ne pas trop égayer le chemin, parce que vous risquez de vous laisser gagner par l'enthousiasme et d'oublier l'objectif. » Il faut nous approprier le chemin, c'est en lui qu'apparaît toute notre créativité, le travail que nous accomplissons pour transformer ce monde. Mais sans perdre de vue que nous cheminons vers une promesse. Le chemin est une responsabilité créative d'accomplissement de la mission de Dieu : croissez, multipliez-vous et soumettez la Terre. Les premiers chrétiens associaient l'image de la mort à celle de l'espérance et ils avaient l'ancre pour symbole. L'espérance était l'ancre qui restait plantée au rivage et l'on se tenait à la corde pour avancer sans partir à la dérive. Le salut réside dans l'espérance que tout nous sera révélé, mais, en attendant, nous nous accrochons à la corde et faisons ce que nous pensons devoir faire. Saint Paul nous dit : « Dans l'espérance, nous avons été sauvés. »

AS : Avoir l'espérance de quelque chose – au-delà du fait que le terme vient du latin *sperare*, qui signifie attendre –, ce n'est pas avoir une attitude passive par rapport à la destination ultime. On peut aussi avoir une attitude active. Le peuple juif a vécu deux mille ans dans l'espoir de retrouver sa terre. Pendant beaucoup d'années, cela s'est limité aux prières adressées à Dieu. Mais, à un moment, beaucoup de Juifs ont quitté l'Europe pour aller vivre en Israël. C'est la différence entre l'espoir et l'optimisme, qui n'est jamais un objectif mais une attitude envers la vie.

JB : L'optimisme est plus psychologique, c'est un positionnement face à la vie. Certains voient toujours le verre à moitié plein, d'autres le voient à moitié vide. L'espérance comporte à la base une part de passivité parce que c'est un don de Dieu. On ne peut acquérir la vertu de l'espérance par soi-même, le Seigneur doit nous la transmettre. Après, il y a ce que chacun en fait, comment il l'administre, comment il l'assume... Dans notre conception, l'espérance est l'une des trois vertus théologales, avec la foi et la charité. On accorde habituellement plus d'importance à la foi et à la charité. C'est pourtant l'espérance qui structure tout le chemin. Le risque, c'est de tomber amoureux du chemin et de perdre de vue la destination, et aussi celui du quiétisme : on a les yeux fixés sur la destination et on ne fait rien en chemin. Le christianisme a connu à certaines périodes de puissants mouvements quiétistes, dressés contre le commandement de Dieu qui dit qu'il faut transformer la Terre, travailler.

AS : Les personnes habitées d'une foi profonde envisagent la mort autrement, avec plus de calme. J'ai en tête l'image d'un homme, un membre de ma communauté. C'était un Juif extrêmement croyant. Sa fille m'a appelé un jour, il était très malade et le médecin lui avait dit que ses jours étaient comptés. Je suis allé le voir. Je suis entré chez lui en m'attendant à le trouver très mal. Il avait encore toute sa tête, on n'aurait jamais imaginé qu'il allait mourir. J'ai parlé avec lui comme s'il s'était agi d'une personne en parfaite santé. Mais comme sa fille m'avait dit qu'il était en phase terminale, j'ai fait très attention. J'ai pris congé d'une façon particulière. En hébreu, je lui ai dit : « Demeure en paix. » Il m'a tendu la main et m'a dit : « Voyons, mon cher rabbin, on va bien se revoir dans l'autre monde. » Cet homme était habité d'une paix totale, d'une foi immense. C'est débordant de vie qu'il a pris congé de la vie. Deux jours plus tard, il mourait.

JB : Mais l'angoisse existe. C'est le moment du détachement, de la séparation. Quand il approche, on le sent. Le détachement n'est pas facile, mais je crois qu'au moment où l'on est sur le point de faire le saut, Dieu nous tient par la main. Il faut s'abandonner aux mains du Seigneur, ça ne se surmonte pas seul.

AS : Le jeune homme dont l'heure est venue songe à tout ce qu'il n'a pas fait dans la vie. Il se dit avec angoisse : « Il me reste tant à faire ! » Ses rêves sont encore devant lui. « Quel aurait été mon métier ? Aurais-je été un bon père ? » Avec le temps, à mesure que l'on franchit les étapes de l'existence, on envisage déjà la mort autrement, elle reste angoissante, mais différente. Dans la mystique juive on parle de l'âme, qui reste à l'endroit du décès, qui ne gagne pas immédiatement les hauteurs. Cela nous parle de l'angoisse dans l'acte même de la mort, de la difficulté du détachement. Certaines personnes s'abandonnent dans la minute qui précède avec une certaine paix : elles apaisent leur angoisse avec l'idée qu'elles s'abandonnent. Ce n'est pas que l'histoire est finie, on s'abandonne à Quelqu'un.

11

À propos de l'euthanasie

ABRAHAM SKORKA : Il faut soutenir la médecine quand elle améliore les conditions de vie de l'homme, ça ne fait aucun doute. Mais attention ! De là à soutenir l'acharnement thérapeutique, pas question. Prolonger la vie de façon artificielle, et plonger dans l'angoisse les familles qui voient un être cher déjà condamné se faire intuber de tous les côtés pour la seule raison qu'une activité cardio-respiratoire demeure, ça n'a aucun sens. D'accord pour prolonger la vie, mais dans des conditions de pleine vie.

JORGE BERGOGLIO : Notre morale dit aussi qu'il faut faire ce qui est nécessaire, sans sortir de l'ordinaire, quand la fin est inévitable. Il faut assurer la qualité de la vie. La grande force de la médecine, dans les cas désespérés, réside moins dans le fait qu'un individu vive trois jours ou deux mois de plus que dans celui que l'organisme souffre le moins possible. On n'est pas obligé de préserver la vie par des méthodes extraordinaires. Cela peut constituer une atteinte à la dignité de la personne. L'euthanasie active, c'est différent ; là, on tue. Je crois qu'il existe aujourd'hui une euthanasie qui ne dit pas son nom : les assurances-maladie paient jusqu'à un certain point, au-delà duquel elles disent : « Que Dieu te vienne en aide. » On ne traite pas les personnes âgées comme il le faudrait, on les met au rebut. Le patient est parfois privé des médicaments et des soins ordinaires, et ça finit par le tuer.

AS : Nous sommes parfaitement d'accord pour dire qu'il ne faut pas porter atteinte à la dignité humaine. La question de l'euthanasie est très délicate parce qu'il y a vraiment des gens qui vivent des situations atroces et qui réclament que l'on écourte leur vie d'une façon ou d'une autre. L'euthanasie active sous-entend que nous sommes absolument maîtres de notre corps et de notre existence ; c'est pour cela que nous la rejetons. Parce que nous croyons que le propriétaire de notre existence, bien qu'Il nous ait donné le libre-arbitre, reste Dieu. Celui qui se suicide proclame que son être lui appartient tout entier, qu'il décide lui-même de sa vie et de sa mort. C'est une négation très forte de Dieu.

JB : À une époque, le suicidé n'avait pas droit aux obsèques parce qu'il avait cessé de cheminer vers sa destination, il avait renoncé de son propre chef. Mais j'ai du respect pour celui qui se suicide, c'est un individu qui n'a pas su surmonter ses contradictions. Je ne le rejette pas. Je le laisse aux mains de la miséricorde divine.

AS : Il y a deux positions dans le judaïsme à l'égard du suicide. Selon la première, il faut enterrer le suicidé en un lieu particulier et l'on s'abstient de prononcer certaines prières à sa mémoire. Mais, selon l'autre, il y a toujours la possibilité que cette personne, à la dernière seconde, au moment où elle a déjà sauté du pont, regrette ce qu'elle est en train de faire. Il faut la juger comme quelqu'un qui – en fin de compte – commet un acte involontaire, et dans ce cas il ne faut pas la punir. Par ailleurs, il s'agit d'un geste contagieux ; c'est l'une des raisons pour lesquelles nous le condamnons. Chaque fois que j'ai été confronté à un cas de suicide, j'ai expliqué à la famille que la personne était malade, déboussolée, qu'elle avait perdu toute notion de ce qu'elle était en train de faire. C'est l'effet le plus grave de la dépression, qui vient d'un déséquilibre moléculaire dans la tête, dans le corps. On sent qu'il faut quitter la vie, que l'on ne peut pas continuer à vivre ; je m'efforce de redorer son image et son souvenir auprès de ceux qui se déchirent en interrogations : s'il a décidé de m'abandonner pour toujours, c'est donc que je ne signifiais rien dans sa vie ?

JB : J'aime bien l'interprétation par la maladie. À un moment donné, on n'est plus maître de ses décisions. Je préfère interpréter le suicide comme ça, pas comme un acte d'arrogance. Mais revenons à l'euthanasie : je suis convaincu qu'il existe aujourd'hui une euthanasie dissimulée. Il faut donner au malade ce qui est nécessaire tant que subsiste l'espoir de survie. Mais, en fin de vie, l'extraordinaire n'est pas obligatoire. Mieux encore, les moyens extraordinaires ne sont pas obligatoires même si un espoir de survie subsiste. Pourquoi, par exemple, intuber quelqu'un s'il s'agit seulement de prolonger sa vie de quelques jours ?

AS : Je dirais en termes talmudiques qu'employer les recours extraordinaires, c'est ne pas laisser quelqu'un mourir. S'il peut continuer à vivre, pas de problème. Mais si l'on sait que le patient n'a plus d'activité cérébrale, si l'on a strictement suivi le protocole pour déterminer l'absence de signes de vie cérébrale, il faut progressivement éteindre les appareils, en faisant très attention. Je suis profondément opposé à l'acharnement thérapeutique. Selon les codes de la jurisprudence juive, la Halakha, il est permis de supprimer tout élément susceptible de retenir la vie quand un homme est en train de mourir. C'est-à-dire : s'il y a un oreiller qui empêche la personne de mourir, retirez-le ; si elle a du sel sous la langue, enlevez-le. L'euthanasie active est une chose, l'acharnement thérapeutique en est une autre, très différente. Quand il n'y a plus rien à faire, il ne faut pas continuer d'administrer des médicaments pour maintenir artificiellement la vie. J'ai un immense respect pour celui qui vient me dire que tant qu'il reste une possibilité de faire quelque chose pour préserver une vie digne de ce nom, il faut tout entreprendre. Mais si l'on est sûr qu'il n'y a pas de chances de survie, il faut laisser le patient vivre en paix le temps qui lui reste. Nous parlons ici d'un stade très avancé de la maladie, quand tous les médecins disent que c'est fini. Il ne rime à rien de pratiquer une transfusion pour prolonger de vingt-quatre heures la vie de quelqu'un qui meurt, pas plus que de le mettre sous respirateur quand il n'y a pas de retour possible. Si quelqu'un souffre, il faut lui administrer un calmant, des produits qui l'apaisent, mais rien de plus. Maintenir le patient dans l'agonie, ce n'est pas honorer la vie.

JB : Dans la morale catholique, personne n'est obligé d'user de moyens extraordinaires pour se soigner. Il s'agit de retenir une vie dont on sait déjà que ce n'en est plus une. Tant que subsiste une possibilité d'inverser la maladie, on fait tout ce qui est envisageable ; mais les méthodes extraordinaires ne doivent servir que s'il y a espoir de guérison.

12

À propos des personnes âgées

ABRAHAM SKORKA : La vieillesse n'a jamais été facile. J'en veux pour preuve la scène biblique où Jacob, devant le Pharaon, lui dit que la durée de sa vie est de « cent trente ans, peu nombreux et mauvais[1] ». La vieillesse est un âge difficile parce qu'au lieu de regarder devant soi, on se met à regarder en arrière. En même temps, ce peut être un très bel âge si l'on a connu une vie vraiment intense, profonde, parce qu'on est alors parvenu à comprendre le sens de la vie. Il demeure que la vieillesse donne aujourd'hui matière à préoccupation, parce que, dans la culture actuelle, les vieux sont bons à mettre au rebut. La vie moderne, au lieu d'accorder à l'homme un peu de répit, exige de lui qu'il coure de plus en plus longtemps. Cela ne concerne pas seulement la vie matérielle, on lui impose de faire de la gymnastique, de voyager, de se plier à certaines routines. Il n'a plus le temps de s'occuper des vieux. Il est important pour notre sensibilité que nous regardions les personnes

1. Genèse 47:9.

âgées vivre dans leur solitude ; que ce soit parce que leurs amis ne sont plus là ou à cause du fossé culturel qui s'est creusé entre leurs enfants et eux, ils ont perdu la possibilité de construire un dialogue. Une personne âgée n'est pas une chose, c'est un être humain qui demande à être défendu. Combien de maisons de retraite y a-t-il à Buenos Aires où l'on se demande en arrivant : ces conditions de vie sont-elles vraiment dignes ? Aujourd'hui, la personne âgée est mise de côté. Un verset de la Bible dit : « Tu te lèveras devant les cheveux blancs, tu honoreras le vieillard[1]. » La vie est un combat qui devient très dur quand ceux qui ont combattu dignement se retrouvent dans la plus épouvantable solitude en atteignant leurs dernières années. Parfois, les maisons qui les accueillent méritent vingt sur vingt en termes de médecine, mais laissent beaucoup à désirer dans le domaine spirituel... Une personne âgée a besoin d'amour, d'affection, de dialogue.

JORGE BERGOGLIO : Je voudrais insister sur ce que vous venez de dire à propos du rebut. Dans notre société, on pouvait autrefois parler d'oppresseurs et d'opprimés. On s'est aperçu avec le temps que cette classification ne suffisait plus, qu'il fallait lui en superposer une autre, celle des inclus et des exclus. La chose est aujourd'hui devenue beaucoup plus violente, et il faut encore y ajouter une antinomie : ceux qui servent à quelque chose et ceux qui sont de trop. Dans notre civilisation consumériste, hédoniste et narcissique, on finit par trouver normal que certaines

1. Lévitique 19:32.

personnes soient assimilées à des déchets. Parmi celles-ci, les personnes âgées occupent une place très importante. Comme le père travaille, il faut mettre le grand-père en maison de repos pour qu'on s'occupe de lui. Mais, bien souvent, la raison est purement égoïste : le problème n'est pas que le père travaille, mais que le vieux dérange, qu'il sente mauvais. On finit par le caser en maison de retraite comme on met son pardessus au placard quand les beaux jours reviennent. Certaines familles ne peuvent faire autrement, mais elles rendent visite chaque week-end au grand-père ou le font venir chez elles, elles le maintiennent parmi les êtres qui lui sont chers. Là, il ne s'agit pas de rebut, bien au contraire : ces gens assument une réalité très coûteuse. Mais, bien souvent, quand je visite des maisons de retraite, j'interroge les pensionnaires à propos de leurs enfants et ils me disent qu'ils ne viennent pas les voir parce qu'ils ont du travail, ils essaient de leur trouver des excuses. Beaucoup d'individus abandonnent ceux qui les ont nourris, qui les ont éduqués, ceux qui ont changé leurs couches. Ça me fait de la peine, je pleure en moi-même. Et ne parlons pas de ce que j'appelle l'euthanasie dissimulée : les mauvais traitements des personnes âgés dans les hôpitaux et par les compagnies d'assurances-maladie qui leur refusent les médicaments ou les soins dont elles ont besoin. C'est à travers elles que se transmet l'histoire, ce sont par elles que passent les souvenirs, la mémoire d'un peuple, de notre patrie, de la famille, d'une culture, d'une religion... Elles ont beaucoup vécu, et même lorsqu'elles ont vécu sottement, elles méritent toute notre considération. J'ai toujours été frappé que le quatrième commandement soit le seul qu'accompagne une promesse : « Honore ton père et ta mère afin d'avoir longue vie sur la terre. » Si tu as traité la vieillesse de façon honorable, Dieu t'accordera la bénédiction d'en connaître une à ton tour. C'est révélateur de l'attitude de Dieu envers la vieillesse. Dieu doit aimer profondément les personnes âgées parce qu'il ne cesse de bénir la piété filiale. À soixante-quatorze ans, j'entre dans la vieillesse, je ne lui résiste pas. Je me prépare, avec l'espoir de devenir un vin bien affiné, pas un vin piqué. La pire des amertumes est celle de la personne âgée, parce qu'il n'y a pas de retour. Le vieux est voué à connaître la paix, la tranquillité. Je souhaite jouir moi-même de cette grâce.

AS : Vous l'avez dit, tous les âges de la vie demandent qu'on s'y prépare, et la vieillesse aussi. La cohabitation avec une personne âgée est souvent très difficile sur le plan spirituel parce que certains ne se sont pas préparés pour cette étape et ils laissent affleurer les frustrations et les errements qu'ils ont connus dans la vie. Quand vous êtes petit, votre père et votre mère vous donnent l'exemple, s'efforcent de vous procurer une éducation, un modèle de vie. Le moment venu, il faut se rendre compte que ce père et cette mère ont évolué. Il est merveilleux d'avoir des parents qui savent se montrer intelligents dans leur vieillesse, d'autant plus que cela permet de poursuivre le dialogue. J'ai le souvenir de mon père comme d'un homme beaucoup plus intelligent pendant la vieillesse qu'il ne l'avait jamais été. Sa façon de prendre congé de la vie a été pour moi une leçon de dignité, mais ce n'est pas toujours le cas. Il y a parfois une régression, et le grand défi pour toute la société consiste à savoir gérer cette situation de façon à maintenir une relation affectueuse, où l'on est présent. S'il était facile d'honorer ses parents, cela ne ferait pas l'objet d'un commandement divin. Dans notre société, où la notion de rebut existe, on observe l'abandon des personnes âgées ou le renoncement à s'occuper d'elles. Quand je parle de renoncement, je fais allusion à ceux qui laissent tomber la vie : que ce soit à travers l'euthanasie ou par l'abandon proprement dit.

JB : Le chapitre 26 du Deutéronome m'a toujours beaucoup impressionné, il apaise mon âme, notamment le passage qui dit : « Lorsque tu seras entré dans le pays que Dieu donnera à tes parents et que tu habiteras dans des maisons que tu n'as pas bâties, que tu mangeras des fruits cueillis à des arbres que tu n'as pas plantés... », et il y a toute une énumération de choses que l'on n'a pas faites mais que l'on possède quand même. Regarder une personne âgée, c'est reconnaître que cet homme a fait son chemin de vie jusqu'à moi. Dans l'accompagnement de Dieu sur le chemin de cette personne, il y a tout un dessein qui a commencé avec ses ancêtres et se poursuit avec ses enfants. Quand on croit que l'histoire commence avec soi, on cesse d'honorer les personnes âgées. Bien souvent, quand je suis un peu déprimé, je me tourne notamment vers ce chapitre du Deutéronome pour me rappeler que je suis un maillon de plus, qu'il faut honorer ceux qui nous ont précédés et se laisser honorer par ceux qui vont suivre, à qui il faut transmettre l'héritage. C'est l'un des actes les plus forts de la vieillesse. Le vieux sait, consciemment ou pas, qu'il doit laisser un testament de vie. Il ne le dit pas explicitement, mais c'est comme ça qu'il le vit. J'ai eu la chance de connaître mes quatre grands-parents ; quand le premier est mort, j'avais seize ans. Tous m'ont transmis quelque chose, et je me souviens distinctement de chacun. La sagesse des anciens m'a beaucoup apporté et c'est pour cela, peut-être, que j'ai tendance à les vénérer.

13

À propos de la femme

JORGE BERGOGLIO : Dans le catholicisme, par exemple, beaucoup de femmes conduisent la liturgie de la Parole, mais elles ne peuvent exercer le sacerdoce, parce que, dans le christianisme, le prêtre suprême est un homme, Jésus. Et la tradition fondée sur la théologie veut que la prêtrise passe par l'homme. La femme possède une autre fonction dans le christianisme, illustrée par le personnage de Marie. Celle d'accueillir la société, de contenir, d'être la mère de la communauté. La femme possède le don de la maternité, de la tendresse ; une communauté religieuse qui n'intègre pas ces richesses se transforme non seulement en un société machiste, mais en une société austère, dure et moins sacralisée. Le fait que la femme ne puisse exercer le sacerdoce ne lui donne pas moins de valeur qu'à l'homme. D'ailleurs, d'après notre conception, la Vierge Marie est supérieure aux apôtres. Selon un moine du IIe siècle, la femme chez les chrétiens possède trois dimensions : Marie, qui est la mère du Seigneur, l'Église et l'âme. Si la présence féminine dans l'Église n'a pas été mise en valeur, c'est parce que la tentation du machisme n'a pas donné de visibilité à la place qui échoit aux femmes de la communauté.

ABRAHAM SKORKA : Dans le christianisme, la fonction sacerdotale provient de la Bible hébraïque, où la prêtrise se transmet de façon patrilinéaire. Mais la judéité de l'individu se transmet de façon matrilinéaire : si la mère est juive, l'enfant l'est aussi. Dans notre credo, la prêtrise était aussi exercée par l'homme. Mais aujourd'hui, nous parlons de maîtres[1], pas de prêtres. Par conséquent, une femme qui connaît la Torah peut enseigner et répondre à des questions sur la bonne façon de se comporter selon la loi juive.

JB : Quand nous, catholiques, parlons de l'Église, c'est au féminin. Le Christ a épousé l'Église, une femme. Le point où l'on reçoit le plus grand nombre d'attaques, où l'on prend le plus de coups, est toujours le plus important. L'ennemi de la nature humaine – Satan – frappe à l'endroit où il y a le plus de salut, où se transmet la vie, et la femme – en tant que lieu existentiel – est celle qui a reçu le plus de coups dans l'histoire. Elle a été un objet d'exploitation, de commerce, d'esclavage, elle a été reléguée au second plan. Mais nous avons dans les Écritures des cas de femmes héroïques à travers lesquels nous savons ce que Dieu pense à leur sujet, comme Ruth, Judith... Je voudrais ajouter que le féminisme, en tant que philosophie unique, ne rend pas service à celles qu'il prétend représenter, parce qu'il les place sur un

1. Le terme *rabbin* signifie « maître ».

terrain de combat revendicatif alors que la femme est beaucoup plus que cela. La campagne des féministes du XXe siècle a obtenu ce qu'elles voulaient, n'en parlons plus. Mais une philosophie féministe permanente n'apporte pas non plus à la femme la dignité qu'elle mérite. En forçant le trait, je dirais qu'elle risque de virer au machisme en jupon.

AS : Dans le mouvement traditionaliste (*Massorti*), le rôle de la femme dans le culte a changé. Les séminaires rabbiniques autour du monde donnent le titre de rabbin à des femmes. La vérité, c'est que du point de vue des codes historiques, rien ne s'oppose directement à ce qu'une femme enseigne la Torah, il n'y a aucune raison fondamentale de lui refuser le titre de rabbine. Quand on se penche sur l'image et le rôle de la femme dans les textes bibliques ou talmudiques, on trouve beaucoup d'aspects qui concordent avec ce que vous énonciez à l'instant. Il y a dans le Talmud le Traité des contrats de mariage, dont l'idée de départ était que la femme – on parle d'un traité qui date d'il y a plus de deux mille ans – devait posséder un document qui empêche l'homme de divorcer facilement, c'est-à-dire qu'il fallait que cela lui en coûte sur le plan économique, c'est une affaire assez pragmatique. Dans quel but ? Celui de protéger la femme et lui assurer une digne subsistance. Dans les aléas de l'histoire du peuple juif, il y a des moments où la femme a fait l'objet d'une considération extrême. Les images que nous en donne la Bible l'illustrent avec force : David, pour prendre un exemple, est le descendant de deux femmes dotées d'une immense volonté et d'une grande spiritualité, Tamar et Ruth. Mais il y a eu d'autres moments où, pour diverses raisons, certaines attitudes au sein du peuple juif envers la femme n'ont pas eu la même grandeur ni manifesté le même respect, où elle est passée au second plan. Pourquoi ? Nous avons toujours cohabité en relation étroite avec d'autres peuples, et le machisme est une constante dans le développement de l'humanité. Dans beaucoup de cultures, l'homme a eu plus de pouvoir que la femme ; le peuple juif n'est pas exempt de ces influences ni de ses propres bassesses. Par ailleurs, je crois qu'il faut préciser que, dans les communautés juives les plus pratiquantes, on observe des règles de pudeur qui interdisent à l'homme de donner la main ou un baiser à toute autre femme que la sienne, ou qui obligent la femme à porter une perruque, des habits qui lui recouvrent totalement le corps, etc. Ces règles sont liées à l'idée d'empêcher les tentations de l'instinct. Dans un temple orthodoxe, les femmes sont à l'étage, elles ne prient pas avec les hommes. Un lieu leur est réservé. Chacun a son avis sur la question, je pense que chacun doit lutter avec soi-même pour s'efforcer de sublimer ce qu'il possède instinctivement en lui. Ceux qui estiment que la pudeur les aide à maintenir un comportement digne, qu'ils le fassent. Le risque, c'est que cette méthode serve en réalité à masquer des attitudes incorrectes, que ce ne soit qu'une façade. Je pense pour ma part que la pudeur doit s'obtenir par l'intermédiaire d'un acte d'introspection très profond. Je pense que lorsqu'un homme ou une femme traversent une phase de profonde douleur, s'ils reçoivent une accolade ou un baiser, c'est un acte de tendresse qui commence et finit là.

14

À propos de l'avortement

JORGE BERGOGLIO : Le problème moral de l'avortement précède par nature la question religieuse, parce que, dès la conception, il y a le code génétique de l'individu. Il s'agit déjà d'un être humain. Je dissocie pour ma part la question de l'avortement de toute considération religieuse. C'est un fait scientifique. Ne pas permettre que se poursuive le développement d'un être qui possède déjà l'ensemble du code génétique d'un être humain est contraire à l'éthique. Le droit à la vie est le premier des droits de l'homme. Avorter, c'est tuer celui qui ne peut pas se défendre.

ABRAHAM SKORKA : Le problème de notre société, c'est qu'elle a perdu dans une grande mesure le respect du caractère sacré de la vie. Le premier point qui pose problème, c'est qu'on aborde l'avortement le plus naturellement du monde, comme si c'était une question simple. Ça ne l'est pas ; même s'il ne s'agit que d'une cellule, on parle d'un être humain. On constate souvent que tout le monde a un avis, sans posséder d'informations précises, sans connaissances... Le judaïsme, de façon générale, condamne l'avortement, mais il est permis dans certaines circonstances. Quand la vie de la mère est en danger, par exemple. Il y a d'autres cas où l'avortement est autorisé. Mais ce qui est intéressant, c'est que les anciens sages juifs du Talmud s'y sont strictement opposés chez les autres peuples, quand ils ont étudié les « lois des Gentils », qui allaient devenir le *jus gentium* dans le Talmud. Mon interprétation, c'est que, sachant ce qui arrivait à Rome, ils voulaient éviter d'ouvrir le débat sur la possibilité de l'avortement dans une société où la vie n'était pas très respectée. On trouve dans le Talmud une analyse exhaustive de la peine de mort. Ce châtiment apparaît dans la Torah, mais certains sages estiment qu'il faut le restreindre au point d'en rendre l'application impossible. D'autres présentent des arguments en faveur d'une position moins restrictive. Il revient aux sages de chaque génération d'appliquer la peine de mort conformément à un point de vue ou à l'autre, sur la base de la conjoncture à laquelle ils sont confrontés. C'est plus ou moins la même chose pour l'avortement. Le judaïsme, évidemment, a l'avortement en horreur et il le condamne, sauf dans le cas très clair, comme l'explique la Mishna, où la vie de la mère est incontestablement en danger. Dans ce cas, on privilégie la vie. Les autres cas – le viol, le fœtus atteint d'anencéphalie, etc. – font l'objet de débats parmi les rabbins d'une génération à l'autre. Certaines positions sont plus restrictives, d'autres plus permissives. La sainteté de la vie humaine – entendue comme respect et considération absolus – sous toutes ses formes, est fondamentale, elle doit constituer le cadre de toute discussion, de toute analyse du sujet.

15

À propos du divorce

JORGE BERGOGLIO : La question du divorce est distincte de celle du mariage entre individus de même sexe. L'Église a toujours combattu la loi argentine sur le divorce[1], mais c'est vrai qu'il y a en l'occurrence des antécédents anthropologiques différents. Dans les années 1980, le débat a pris une tournure plus religieuse, parce que le mariage jusqu'à ce que la mort sépare les époux est une valeur très forte du catholicisme. Cependant, la doctrine catholique rappelle à ses fidèles qui ont divorcé et se sont remariés qu'ils ne sont pas excommuniés – bien qu'ils n'aient pas respecté de fait ce qu'exigent l'indissolubilité matrimoniale et le sacrement du mariage – et les invite à prendre part à la vie de la paroisse. Les Églises orthodoxes montrent encore plus d'ouverture. Lors des débats, il y a eu opposition, mais avec certaines nuances. On a entendu des positions extrêmes que tous ne partageaient pas. Certains ont dit qu'il était

1. L'Argentine, après avoir abrogé en 1955 une loi autorisant le divorce votée l'année précédente sous Perón, a fini par en adopter une nouvelle en 1987, malgré l'opposition de l'Église. (*N.d.T.*)

préférable de ne pas approuver le divorce, mais d'autres se sont montrés plus enclins au dialogue sur le plan politique.

ABRAHAM SKORKA : Dans la religion juive, l'institution du divorce existe, elle est présente dans la Halakha, la législation rabbinique. Il s'agit évidemment d'un drame. Ce n'est pas une question de foi, comme dans le catholicisme, dont la position provient de la lecture des Évangiles, où il est dit que Jésus a adopté une position très ferme par rapport au divorce, semblable à celle adoptée dans la maison de Shammaï, selon le Talmud. Aux yeux du judaïsme, quand le couple est mal assorti, si les incompatibilités persistent après de multiples efforts de conciliation des parties, on l'aide à formaliser l'acte de divorce. J'emploie ces termes parce que, dans le judaïsme, le rabbin ou le tribunal rabbinique ne *déclarent* ni ne *décrètent* le nouvel état des parties, ils se contentent de veiller à ce que la dissolution se fasse dans les règles. C'est à l'homme et la femme d'*assumer* et de *déclarer* leur nouveau statut, comme lors du mariage. C'est un acte qui relève de l'intimité du couple, supervisé par un expert de la loi qui veille à ce que cela se fasse correctement. Cela explique que le débat n'ait pas été très conflictuel. Il en a été de même lorsqu'on a discuté des méthodes de reproduction assistée. Le judaïsme s'est prononcé en leur faveur parce que c'était une façon d'aider Dieu à ce qu'une femme puisse devenir mère, pour améliorer la condition d'un individu qui souffre. C'est une position plus dynamique que celle des catholiques. Le catholicisme est plus dur, il adopte sur ces questions des positions plus restrictives. Mais, quand ces débats surviennent au sein d'une société démocratique, il faut s'efforcer de rechercher le consensus. L'accord principal porte sur le fait que la vie est sacrée, que l'on ne peut pas jouer avec des cellules comme s'il s'agissait de matière plastique : là-dessus, l'enseignement du judaïsme et du catholicisme est le même. Il faut que les religieux et ceux qui défendent une position plus souple parviennent à s'entendre, chacun devant céder un peu de terrain. L'essentiel est que ce que nous cédions reste dans une certaine limite : la vie est sacrée. Chacun donnera à ce terme sa propre interprétation, mais le sens est le même : la vie mérite un respect absolu. Sans cela, on ne peut pas avancer.

16

À propos du mariage entre personnes de même sexe

ABRAHAM SKORKA : Le traitement de la question du mariage homosexuel a été, à mon sens, défaillant au regard de l'analyse approfondie que le sujet réclame. De fait, beaucoup de couples de même sexe vivent déjà ensemble et méritent une solution légale sur des questions telles que la retraite, l'héritage etc. – qui pourrait prendre corps dans une nouvelle figure juridique –, mais considérer que le couple homosexuel est identique au couple hétérosexuel, c'est autre chose. Ce n'est pas seulement une question de croyance, il faut comprendre que l'on touche à l'un des éléments les plus importants de notre culture. Il aurait fallu bien plus d'analyses et d'études anthropologiques sur la question. Et il aurait aussi fallu laisser beaucoup plus de place aux confessions, en tant que porteuses et formatrices de culture, pour qu'elles puissent faire valoir leur point de vue. Il aurait fallu organiser des débats en leur sein même, entre leurs multiples tendances, pour aboutir à un spectre complet d'opinions.

JORGE BERGOGLIO : La religion a le droit de donner son avis dans la mesure où elle est au service des gens. Si quelqu'un me demande conseil, je suis en droit de lui en donner. Le ministre religieux attire parfois l'attention sur certains points de la vie privée ou publique parce qu'il est le guide de la paroisse. Ce qu'il n'a pas le droit de faire, c'est exercer une contrainte sur la vie privée de qui que ce soit. Si Dieu, dans sa création, a pris le risque de nous rendre libres, de quel droit pourrais-je intervenir ? Nous condamnons le harcèlement spirituel, qui survient quand un ministre impose des directives, des comportements, des exigences qui privent autrui de sa liberté. Dieu a été jusqu'à laisser entre nos mains la liberté de pécher. Il faut parler très clairement des valeurs, des limites, des commandements, mais le harcèlement spirituel, par les prêtres, doit être banni.

AS : Le judaïsme comporte divers courants. Les plus pratiquants ont tendance à tout réglementer. Ils imposent un mode de vie à leurs fidèles. Le chef de la communauté dit « C'est comme ça », et il n'y a pas de discussion possible, et ce faisant il s'immisce dans la vie privée des gens. Dans les autres courants, en revanche, le rabbin doit s'en tenir strictement à un rôle non intrusif, d'enseignement. Pour ma part, j'explique : « La loi dit ceci, tâche de suivre la voie conforme à la tradition », mais c'est tout. Le Talmud[1] s'interroge sur le fait de savoir s'il convient d'imposer les bonnes règles ou seulement de les induire.

1. Shabbat 88, a.

Selon moi, il faut suggérer, pas envahir, en donnant à voir une certaine attitude : le père qui agit avec correction est un modèle pour le fils, c'est paradoxalement une forme d'obligation aussi, mais à travers l'enseignement, pas la coercition ni l'intrusion. Pour revenir au sujet, la loi juive proscrit les relations entre hommes. Ce que dit strictement la Bible, c'est que les hommes ne doivent pas entretenir entre eux des relations du type de celles qu'ils entretiennent avec les femmes. À partir de là, on déduit une position. L'idéal de l'être humain, depuis la Genèse, consiste à unir un homme et une femme. La loi juive est claire : il ne peut y avoir d'homosexualité. D'un autre côté, je respecte tout individu dès lors qu'il fait preuve de pudeur et du respect de l'intimité. Pour ce qui est de la nouvelle loi[1], elle ne me convainc pas totalement d'un point de vue anthropologique. En relisant ce qu'ont écrit Freud et Lévi-Strauss au sujet des éléments constitutifs de la culture, surtout l'importance de l'interdit de l'inceste et l'éthique sexuelle, en tant que noumène du processus de la civilisation, je m'inquiète des fruits que risquent de produire ces changements au sein de notre société.

JB : Je pense exactement comme vous. Je parlerais à ce sujet de « recul anthropologique », parce que l'on fragilise une institution millénaire qui s'est forgée en accord avec la nature et la culture. Il y a cinquante ans, le concubinage était moins courant qu'aujourd'hui.

1. Le 15 juillet 2010, l'Argentine est devenue le premier pays d'Amérique latine à autoriser le mariage entre personnes de même sexe, à travers la loi dite du « mariage égalitaire ». (*N.d.T.*)

Le terme était même très nettement péjoratif. Puis cela a changé. Aujourd'hui, le fait de vivre ensemble avant de s'être marié, même si la religion le réprouve, ne comporte plus de connotation sociale péjorative, comme il y a cinquante ans. C'est un fait sociologique, incontestablement dépourvu de la grandeur du mariage, lequel est une valeur millénaire méritant d'être défendue. C'est ce qui nous incite à donner l'alerte sur la possibilité de sa dévalorisation, et sur le fait qu'avant de modifier une jurisprudence, il faut beaucoup réfléchir à ce qui est mis en jeu. Ce que vous venez de souligner compte aussi beaucoup à nos yeux, le fondement du droit naturel qui apparaît dans la Bible, laquelle parle de l'union de l'homme et de la femme. Les homosexuels ont toujours existé. On connaît l'île de Lesbos, où vivaient des femmes homosexuelles. Mais jamais dans l'histoire on n'a cherché à leur donner le même statut qu'au couple hétérosexuel. C'était toléré ou non, c'était un sujet d'admiration ou non, mais ce n'était jamais la même chose que le mariage. On sait que le phénomène de l'homosexualité s'intensifie lors des changements d'époque. Mais la nôtre est la première où l'on se pose la question de son assimilation juridique au mariage, et cela m'apparaît comme une inversion des valeurs, un recul anthropologique. Je le dis parce que cela dépasse la question religieuse, on est dans l'anthropologie. S'il y a union de type privé, aucun tiers n'est affecté, pas plus que la société. Mais si on accorde le statut matrimonial et le droit d'adoption, des enfants pourraient en être affectés. Tout individu a besoin d'un père masculin et d'une mère féminine qui l'aident à déterminer son identité.

AS : J'ai trouvé qu'on avait fait ce qu'il fallait sous la présidence d'Alfonsín[1], quand on a modifié la loi pour séparer mariage civil et mariage religieux. Auparavant, pour prononcer le mariage d'un couple, nous devions avoir sous les yeux son livret de mariage civil. Cette union du civil et du religieux ne me paraissait pas souhaitable dans une société démocratique. Je préfère que ces deux mondes ne soient pas mélangés. Toutefois, pour les lois qui touchent à des questions humaines aussi sensibles, le dialogue avec les différentes confessions doit être plus intense, plus profond qu'il ne l'a été.

JB : J'insiste sur le fait que notre position sur le mariage entre personnes de même sexe n'est pas fondée sur la religion, mais l'anthropologie. Quand Mauricio Macri, le chef du gouvernement de la ville autonome de Buenos Aires[2], a choisi de ne pas faire appel de la décision d'une juge de première instance autorisant le mariage, j'ai senti que je devais m'exprimer, pour donner une orientation, je me suis senti obligé de donner mon avis. C'était la première fois en dix-huit ans d'exercice de la fonction d'évêque que je montrais du doigt un fonctionnaire. Si vous analysez

1. Raúl Alfonsín a été le premier président après la dictature, de 1983 à 1989. (*N.d.T.*)

2. La ville de Buenos Aires possède le statut administratif de district fédéral, avec un parlement, un gouvernement et des ministères. Le chef de ce gouvernement possède des pouvoirs plus étendus que ceux de nos maires. (*N.d.T.*)

mes déclarations d'alors, je n'ai jamais parlé des homosexuels ni fait la moindre allusion péjorative à leur endroit. Ma première déclaration disait que la sentence de la juge était préoccupante parce qu'elle montrait un certain détachement à l'égard de la loi, étant donné qu'un magistrat de première instance ne peut toucher au Code civil. Ensuite, je m'étonnais qu'un chef de gouvernement, garant de la légalité, interdise de faire appel de cette décision. Macri m'a dit que cela correspondait à ses convictions ; moi, je les respecte, mais un chef de gouvernement ne doit pas laisser ses propres convictions interférer avec la loi. Je n'ai jamais parlé des homosexuels en termes péjoratifs, mon intervention ne concernait qu'une question légale.

AS : Dans une démocratie, tout doit se résoudre par la voie légale, par l'intermédiaire d'un débat sincère, profond et respectueux. Dans ses arguments, chaque partie doit rechercher les éléments d'accord avec l'adversaire, pour atteindre une synthèse issue de concessions mutuelles. Certains, dans le débat qui a précédé l'approbation de la loi, ont invoqué la « loi naturelle » qui présuppose que la nature possède en elle-même une règle censée régir le comportement humain, l'argument suivant consistant à considérer que Dieu a lui-même implanté ce message dans Sa Création. Mais une personne homosexuelle pourrait légitimement dire que Dieu ou la nature l'ont fait tel qu'elle est. On a dit par ailleurs que l'amour des homosexuels est multiple, puisqu'ils connaissent l'amour du féminin et du masculin, même si cela ne signifie pas que ce soit l'état au sein duquel se développent les familles. Chacun connaît le rôle que jouent dans la croissance des enfants la figure masculine et la figure féminine, et les problèmes qui se présentent lorsque ces figures sont conflictuelles.

JB : On entend souvent dire qu'un enfant sera mieux élevé par un couple de personnes du même sexe que dans un hospice ou un orphelinat. Aucune de ces situations n'est idéale. Le problème, c'est que l'État ne fait pas ce qu'il devrait. Il faut voir la situation que connaissent les enfants dans certains orphelinats, où leur éducation est le dernier des soucis. Il faut que des ONG, des églises, d'autres types d'organisations les prennent en charge. Il faudrait aussi assouplir les démarches de l'adoption, qui sont interminables, pour que ces enfants trouvent un foyer. Mais ce manquement de l'État ne doit pas justifier un autre manquement. Il faut aborder la question de fond. Plus qu'une loi sur le mariage permettant l'adoption aux couples de personnes du même sexe, il faut améliorer les lois sur l'adoption, qui sont beaucoup trop bureaucratiques et qui, dans les dispositions actuelles, favorisent la corruption.

AS : En effet, il faut améliorer la loi sur l'adoption. L'adoption d'un enfant, selon les sages du Talmud, est un précepte de premier plan. Il faut que la législation aspire à davantage de rapidité et d'efficacité dans le processus. Pour revenir au mariage, il comporte une dimension que nous ne pouvons ignorer dans notre analyse, aussi évidente soit-elle, c'est celle de l'amour. Ce n'est pas un hasard si la Bible recourt à l'image des amoureux pour définir le dernier pas dans la quête de Dieu. Un rationaliste de la trempe de Maïmonide, un aristotélicien du XIIe siècle, définissait l'amour entre Dieu et l'homme en des termes similaires à celui qui unit un homme et une femme. L'homosexuel aime une personne qu'il connaît, un semblable. Connaître un homme est facile quand on est soi-même homme. Connaître une femme constitue un tout autre défi pour l'homme, il faut la déchiffrer. Un homme peut parfaitement savoir ce qu'éprouve un autre homme, une femme sait ce qu'il se passe dans le corps et dans l'esprit d'une autre femme. Découvrir l'autre, en revanche, c'est tout un défi.

JB : Se déchiffrer mutuellement, comme vous le dites, fait partie de la grande aventure. J'ai connu un curé qui disait que Dieu nous a faits homme et femme pour que nous nous aimions et nous rapprochions. Lors du prêche du mariage, je dis généralement au fiancé qu'il doit rendre sa fiancée plus femme, et à cette dernière qu'elle doit rendre son fiancé plus homme.

17

À propos de la science

ABRAHAM SKORKA : Jusqu'aux Lumières, la religion a servi de véhicule à la culture au sens le plus large du terme. L'ensemble des connaissances, dans tous les domaines, faisait partie du religieux. D'où le nombre important de rabbins et de moines qui se sont consacrés aux sciences. Maïmonide, Copernic et Mendel sont quelques noms de cette lignée ancienne. Les copistes étaient aussi des moines. Le Talmud abonde en concepts sociologiques, anthropologiques, médicaux. La religion était le moyen de transmettre la culture, la belle langue, et elle apportait une réponse aux questions fondamentales que j'ai déjà mentionnées : Qu'est-ce que l'homme ? Qu'est-ce que la nature ? Qu'est-ce que Dieu ? Aujourd'hui encore, face aux grandes questions, aux grandes interrogations, on se tourne vers le religieux. Il y a parfois de grands doutes. Par exemple, l'apparition des greffes d'organes a imposé de redéfinir la mort. Durant des siècles, la mort était caractérisée par l'arrêt de l'activité cardio-respiratoire. Lorsqu'on a demandé aux rabbins si on pouvait sauver une vie par une greffe du cœur alors que celui-ci était toujours perfusé, ils ont trouvé dans le Talmud la notion de mort cérébrale. On a envie de dire : « Quels visionnaires ! ». Aujourd'hui, on débat de la question du début de la vie. L'ovule fécondé, aux toutes premières étapes du développement, est-il déjà un être humain ? Selon l'un des sages du Talmud, il possède déjà une âme, une part de souffle divin. La science démontre qu'il contient toute l'information génétique requise pour définir le nouvel être. Cela suffit-il à régler la question de manière concluante ? Lorsque la science atteint ses limites, l'homme a recours au spirituel, à l'expérience existentielle des siècles passés. La science et la religion sont des domaines parallèles qui doivent entretenir un dialogue. Le scientifique qui prétend réfuter le phénomène religieux à partir de ses connaissances et le religieux qui prétend réfuter la science à partir de sa foi sont tous deux purement et simplement des sots. Seule la reconnaissance de ses propres limites permet au dialogue de s'engager, et sans celui-ci l'humanité ne progressera pas dans sa quête d'une éthique profonde.

JORGE BERGOGLIO : C'est vrai. D'un côté, comme vous venez de le dire, il y a tout l'aspect éducatif, toute la sagesse accumulée au fil de siècles de réflexion dans la Torah et les Évangiles. Et cela est un don offert à l'humanité. Mais un autre aspect est digne d'intérêt : tout en restant immuable, la vérité religieuse se développe et s'approfondit. Comme l'être humain, qui reste le même individu de la naissance à la mort. Mais pour passer de l'un à l'autre, il y a tout un cheminement. Voilà pourquoi ce qui hier était perçu comme non naturel ne l'est plus aujourd'hui. Prenez la peine de mort. Autrefois, c'était un châtiment normal, accepté par le christianisme. Mais notre conscience s'est considérablement affinée et aujourd'hui le catholicisme estime que la peine de mort n'a plus sa place. L'homme, tout comme notre compréhension intellectuelle de la foi, se perfectionne moralement. Ou bien prenez le cas de l'esclavage. Qui imaginerait aujourd'hui de jeter des gens à fond de cale pour les expédier à l'autre bout du monde ? Certes, il existe aujourd'hui d'autres formes d'esclavage, comme les femmes dominicaines qu'on force à se prostituer dans notre pays ou les Boliviens sans papiers que l'on exploite dans des conditions infrahumaines.

AS : Dans bien des cas, lorsque les institutions religieuses se sont trompées, elles l'ont reconnu, mais dans d'autres elles ont préféré se taire ou exprimer leurs regrets du bout des lèvres. Aujourd'hui encore, le procès de Galilée reste un sujet douloureux pour l'Église. Le religieux qui transforme en vérité absolue son interprétation particulière des textes bibliques pèche certes par sottise, mais le scientifique qui juge ses connaissances incontestables, sacrées, pèche par aveuglement intellectuel. La science est elle-même dans le dépassement constant, le défi permanent auquel elle fait face est de trouver une théorie plus générale pour remplacer la précédente. Vous l'avez bien exprimé : il existe un développement du spirituel alors que l'essence même du spirituel est immuable, et dans le cours de ce développement le dialogue entre religion et science est indispensable sans que l'une puisse prétendre prendre la place de l'autre. Et lorsque les réponses scientifiques font défaut, on doit invoquer des réponses intuitives qui à mon sens se transforment en réponses spirituelles, distinctes de celles obtenues par le raisonnement inductif ou déductif. Par ailleurs, n'oublions pas que la science possède ses limites. Elle ne cherche pas à connaître le pourquoi des choses, seulement le comment. L'essence ultime des choses reste insondable. Pour obtenir ces réponses, nous devons faire appel à l'intuition spirituelle. L'avantage, entre guillemets, de la science par rapport à la religion, c'est de pouvoir aller vérifier en laboratoire la véracité de l'hypothèse. Mais notons que pour certaines sciences, la psychologie par exemple, une telle méthode de vérification directe n'existe pas.

JB : La science possède une autonomie qu'il faut respecter et encourager. Il ne faut pas y porter atteinte, sauf lorsque les scientifiques outrepassent leurs compétences et se mêlent de transcendance. La science joue un rôle instrumental fondamental dans le commandement divin qui dit : « Croissez, multipliez votre nombre et soumettez la Terre[1]. » Dans le cadre de son autonomie, la science fait prospérer la culture. Mais attention, lorsque l'autonomie de la science ne connaît plus de limites, elle peut perdre le contrôle de sa propre création. C'est le mythe de

1. Génèse, 1:28.

Frankenstein. Quand j'étais petit, il y avait une bande dessinée qui s'appelait «Les mutants» : la science allait trop loin et les hommes se transformaient en choses. Un exemple clair des limites à ne pas dépasser est le domaine de l'énergie nucléaire, laquelle pourrait finir par détruire l'humanité. Lorsque l'homme est pris au piège de son orgueil, il crée des monstres qui peuvent lui échapper. La science doit s'imposer des limites pour être capable de reconnaître à partir de quel moment elle ne participe plus à la création de la culture, mais à sa destruction.

AS : C'est la légende du Golem. Un rabbin de Prague crée un mannequin en argile, un automate, pour protéger les Juifs des attaques antisémites. Lorsqu'il trace sur son front le mot «emet[1]» et place dans sa bouche un morceau de papier sur lequel est inscrit le tétragramme divin, le Golem s'anime et obéit à ses ordres. Selon l'une des versions de l'histoire, un vendredi, avant le shabbat[2], le monstre se déchaîne et entreprend de tout casser autour de lui. Le rabbin efface alors la première lettre sur son front, laissant le mot «met», qui veut dire «mort». Il enlève le papier de sa bouche, et le Golem redevient un tas d'argile inanimé. C'est une métaphore de ce qui se passe lorsque les créations de l'homme échappent à son contrôle.

1. «Vérité» en hébreu.
2. Samedi, jour sacré de repos dans la religion juive.

18

À propos de l'éducation

ABRAHAM SKORKA : La religion est une vision du monde. Éduquer, c'est transmettre une cosmovision. Les deux sont donc intimement liés. Lorsque nous analysons la manière dont se sont constituées les différentes cultures, nous constatons l'existence de deux niveaux : le progrès technologique d'une part, et de l'autre la culture en tant que manifestation des valeurs qui sous-tendent un mode de vie. La culture est essentiellement la réponse apportée à trois questions : Qu'est-ce que l'homme ? Qu'est-ce que la nature ? Qu'est-ce que Dieu ? Il est donc indispensable que ces questions soient abordées dans la formation des enfants, avec les réponses que la religion peut y apporter. On ne manquera pas de me répondre que dans une société démocratique tous les points de vue doivent être représentés, et non un seul. Je suis évidemment d'accord, et c'est pour cette raison que je rejette l'idée de cours de religion dans les écoles publiques, comme il y en avait dans le temps.

JORGE BERGOGLIO : Je ne suis pas d'accord moi non plus avec des cours de religion à l'école dont seraient exclus de fait les non-catholiques. Mais je pense que la religion doit faire partie du cursus scolaire, en tant qu'élément supplémentaire dans le large éventail qui y est offert. Je trouve discriminatoire qu'on n'évoque pas la religion à l'école, qu'on n'y aborde pas la conception religieuse de la vie et des événements historiques, comme il en va pour d'autres disciplines.

AS : Nous sommes d'accord sur ce point : priver une religion de toute possibilité de prendre part à l'éducation, c'est la priver de quelque chose de très important. Mais il va de soi que chaque confession doit contribuer à l'éducation des enfants au niveau de la paroisse ou de la communauté. Le fondement du judaïsme – qui a donné naissance au christianisme et à l'islam –, c'est l'exaltation de l'homme, en tant qu'être capable de dominer ses instincts. L'importance de la religion dans l'éducation tient à cette affirmation de la condition exceptionnelle de l'homme, et chacun de nous a une part de responsabilité sur ce point. L'école publique se doit de fournir une certaine éducation religieuse parce que sa fonction première est de transmettre des valeurs. Dès lors qu'il est question de Dieu, il y a moins de place pour l'anthropocentrisme. Si l'on ne parle pas de Dieu, la seule image dont disposent les enfants, c'est que tout passe par l'humain, par soi-même. La dimension religieuse permet d'aborder les autres thèmes d'une manière différente. Qu'est-ce que l'éducation sexuelle ? S'agit-il seulement de questions anatomiques et physiologiques ? Ou s'agit-il plutôt de communiquer des valeurs ? Bien évidemment, on se doit de faire en sorte que les enfants aient les moyens de comprendre ce qui leur arrive d'un point de vue anatomique et physiologique, mais cela doit s'accompagner de la transmission de certaines valeurs qui leur permettront de faire leurs propres choix en matière de sexualité. Le sexe devrait servir à manifester le profond sentiment d'amour qui réside en l'homme. J'aimerais qu'à l'école, lorsqu'on explique les choses à l'enfant, on lui dise aussi : « Selon le judaïsme... » Et de même pour les visions chrétienne ou musulmane : il faut insister sur nos dénominateurs communs. Si nous abdiquons notre fonction éducative, nous abdiquons notre essence. Et cela ne fait qu'aggraver le « ici et maintenant » qui définit la réalité contemporaine. Dans nos religions, la notion de transcendance occupe une place fondamentale, elle implique que notre effort n'a pas pour finalité l'acte en soi, mais qu'il se projette dans le futur. C'est quelque chose qu'il est fondamental de transmettre étant donné la réalité consumériste dans laquelle nous vivons.

JB : Dans la Bible, Dieu apparaît sous les traits d'un éducateur. Il dit : « Je t'ai porté dans les bras, je t'ai appris à marcher. » L'obligation du croyant, c'est d'aider sa progéniture à grandir. Chaque homme, chaque femme a le droit d'élever ses enfants dans ses valeurs religieuses. Lorsque l'État s'y oppose, on peut aboutir à des situations dramatiques, comme sous le nazisme qui inculquait aux enfants des valeurs différentes de celles de leurs parents. Les totalitarismes s'emparent de l'éducation parce que cela leur permet d'apporter de l'eau à leur moulin.

AS : On transmet toujours un message à l'enfant, que ce soit à travers ce qu'on dit ou fait, ou à travers ce qu'on ne dit ou ne fait pas. Il y a toujours un message, pourquoi devrions-nous abdiquer le nôtre ? La religion est un message adressé à l'homme qui cherche un sens à son existence. Nous sommes comme le philosophe qui souhaite partager, enseigner la vérité qu'il a mise à jour. Ce message, je dois le partager avec tous : libre à chacun d'être d'accord ou non, mais je dois avoir le droit de l'exposer. C'est une question fondamentale pour toutes les religions. Sans cela, il n'y a pas d'institution religieuse possible. Il faut dire les choses clairement : la religion – et je n'entends pas par là le seul point de vue juif ou chrétien – ne se réduit pas à un culte et à des prières offertes à Dieu dans un temple. Le seul moyen d'approcher Dieu, c'est par l'entremise de son prochain. L'homme religieux manifeste ses sentiments à travers un engagement, des valeurs existentielles qui reflètent sa croyance en une réalité transcendante. Selon moi, c'est cette information que l'on doit pouvoir apporter à l'élève, pour qu'ensuite, par l'élaboration ultérieure qu'il en fera, il en tire une composante essentielle de sa formation. Il est notable que dans les tables de la loi juive les prescriptions dictant la manière d'honorer ses géniteurs côtoient celles qui expliquent comment honorer ses maîtres. Elles sont intimement liées les unes aux autres. Pour l'essentiel, le judaïsme c'est de l'éducation, il s'agit à chaque instant de transmettre quelque chose. À l'origine, le terme « rabbin » veut dire « maître », ne l'oublions pas.

JB : L'école invite à la transcendance, tout comme la religion. Mais fermer les portes de l'école à la vision religieuse, c'est handicaper le développement harmonieux de l'enfant. Parce que la religion contribue à former son identité par la transmission de valeurs qui sont celles de ses pères, lesquelles se trouvent projetées en lui. Faute de cela, on prive l'enfant d'un héritage culturel et religieux. Si l'éducation ne renvoie plus à la tradition des pères, il ne reste que de l'idéologie. On voit toujours la vie avec une certaine coloration, les grilles de lecture aseptisées n'existent pas, pas même dans l'éducation. Les mots sont chargés d'histoire, d'expériences de vie. Si on crée un vide, celui-ci sera comblé par des idées éloignées de la tradition familiale : c'est ainsi que naît l'idéologie. Dans mon lycée, nous avions un professeur communiste. Nous entretenions avec lui d'excellentes relations, il remettait absolument tout en question et cela nous faisait beaucoup de bien. Mais il ne nous a jamais menti, il nous a toujours dit d'où il parlait, quelle était sa grille de lecture, sa cosmovision.

AS : Dans mon lycée, nous n'avions que rarement l'occasion de parler de la vie avec nos professeurs. Certains nous faisaient clairement comprendre que ce n'était pas leur rôle. Mais comment ne pas s'interroger : cet homme qui m'enseigne la physique ou la chimie, a-t-il quelque chose d'utile à m'apporter dans ma vie ? L'éducation ne peut pas être impersonnelle, un dialogue est indispensable. Avec certains professeurs, les cours devenaient mécaniques, on y apprenait peut-être la géométrie euclidienne, mais rien sur la vision du monde. Les exposés étaient froids, sans message, toute humanité en était exclue. Pourquoi ne pourrait-il pas exister un consensus permettant de respecter tous les points de vue mais partant de la transcendance de l'homme, comprise dans sa forme la plus large ? Très souvent les professeurs collent au texte, n'ouvrent pas leur cœur. Nous ne souhaitons pas que la religion impose des restrictions, mais pourquoi lui en imposer à elle ?

JB : Être un professeur et être un maître, c'est deux choses totalement différentes. Le professeur fait cours froidement, tandis que le maître s'implique. Il témoigne. Il y a une cohérence entre sa conduite et sa vie. Il ne se contente pas de rapporter ce qu'il sait, à l'inverse du professeur. Il faut aider les hommes et les femmes à devenir des maîtres, des témoins. C'est la clé même de l'éducation.

19

À propos de la politique et du pouvoir

JORGE BERGOGLIO : L'Église a joué un rôle important dans le processus qui, de 1810 à 1816[1], a conduit à l'indépendance du pays. Des prêtres ont fait partie du premier Congrès. L'Église était là lorsque le peuple, majoritairement catholique, évangélisé, catéchisé, s'est uni en une Patrie. Lorsque la Patrie s'est ouverte aux courants migratoires, d'autres communautés, avec d'autres croyances, sont arrivées sur nos rives, comme les juifs et les musulmans. Le métissage culturel et spirituel qui s'est alors produit a contribué à forger l'une des vertus argentines : ici, on vit depuis toujours comme des frères, même si quelques fous extrémistes lancent des pétards. La ville d'Oberá[2], la capitale du métissage, est un véritable symbole de cette fraternité. On y trouve soixante lieux de culte, dont une minorité seulement est catholique. Les autres appartiennent à d'autres confessions : évangélistes, orthodoxes, juifs. Et ils vivent tous

1. 25 mai 1810, « révolution de mai » : le vice-roi espagnol est chassé de Buenos Aires. 9 juillet 1816 : déclaration d'indépendance. (*N.d.T.*)

2. Oberá, la « ville aux soixante églises », est une localité de la province de Misiones, dans le nord-ouest de l'Argentine. (*N.d.T.*)

ensemble, harmonieusement. Un autre exemple est celui de William Morris, un protestant évangéliste qui a fait école sur le thème de l'éducation en Argentine. Le pays ne s'est pas développé en marge de la religion, il s'est développé à la lumière de la religion.

ABRAHAM SKORKA : C'est certain, le pays s'est formé avec une forte référence religieuse, qui à ses débuts était le catholicisme. Les différentes religions qui se sont installées en Argentine ont grandement contribué à la culture nationale. Au moment de l'Indépendance, les débats ont été vifs lorsque les cléricaux s'opposaient aux défenseurs des Lumières, l'autre courant de l'indépendance nationale, qui reprenaient les idées de la Révolution française sur les limites à apporter à l'intervention religieuse dans les affaires de l'État. Je ne sais pas, pour ma part, si tous ceux qui à l'époque s'opposaient à l'Église étaient vraiment « non religieux », parce que l'on confond souvent religion et institution religieuse. La tension entre les Lumières – liberté, égalité, fraternité – et la religion s'est avérée très positive puisqu'elle a imposé à chaque partie d'analyser et de réviser ses positions. Le débat a été idéologique, mais le résultat positif. Voyons ce qu'il en est dans la réalité argentine d'aujourd'hui : dans les moments de crise grave, la société se tourne vers la religion en tant que dernier recours. Lors de la faillite de 2001, il y a eu la Table du dialogue.[1] Le dialogue politique était rompu et on a fait

1. La « Mesa del Diálogo », ou table du dialogue, est une structure de dialogue politique mise sur pied par l'épiscopat argentin lors de la crise financière de 2001. (*N.d.T.*)

appel à la religion pour sortir de cette passe difficile. Étymologiquement, «église» veut dire «réunion» en grec, et en hébreu synagogue se dit *beith haknesset*, expression dont le sens est «lieu de réunion», c'est-à-dire non seulement l'endroit où l'on vient chercher Dieu, mais aussi où l'on débat de tout ce qui concerne les hommes. Comme au temps des Prophètes, les religions doivent se prononcer clairement sur les problèmes sociaux. Mais cela ne veut pas dire que les religieux doivent s'impliquer dans la politique partisane. Je ne sais pas quel est votre avis sur la question, monseigneur, vous qui avez parmi votre clergé des cas comme celui de Joaquín Piña[1].

JB : Piña a expliqué qu'il ne s'agissait pas d'un geste politique dans la mesure où il concernait un référendum et non une élection. Il a accepté de participer à la campagne pour s'opposer à la réforme constitutionnelle et, après avoir accompli ce qu'il estimait être son devoir, il s'est retiré.

AS : Selon moi, l'homme de religion doit se tenir à l'écart du monde de la politique, sauf lors de circonstances très particulières, comme lorsque Marshall Meyer s'est impliqué dans la défense des droits de l'homme en Argentine[2]. Mais ça a toujours été quelque chose de ponctuel, de très limité, et il n'aurait jamais cherché à se faire élire à quelque poste que

1. Joaquín Piña, jésuite, est aujourd'hui évêque honoraire de Puerto Iguazu. En 2006, il a pris la tête d'une coalition civique électorale pour s'opposer à la ratification d'un projet qui aurait permis au gouverneur de la province de Misiones de se faire réélire à l'infini.

2. Voir le chapitre «À propos des disciples». (*N.d.T.*)

ce soit. Il a accompagné Raúl Alfonsín et d'autres hommes politiques sur le chemin du retour à la démocratie. Mais il n'aurait jamais cherché à obtenir un poste au gouvernement. Il faut faire très attention à ne jamais utiliser la tribune religieuse pour satisfaire des intérêts politiques.

JB : Nous sommes tous des animaux politiques, avec un « P » majuscule. Nous sommes tous appelés à participer à l'action politique de construction de notre peuple. La prédication en faveur des valeurs humaines, religieuses, a une connotation politique, que cela nous plaise ou non. La difficulté consiste à défendre ces valeurs sans s'immiscer dans le petit jeu de la politique partisane. Lorsque j'ai dit que Buenos Aires était une ville vaniteuse, frivole et corrompue, lors de la messe pour l'anniversaire de l'incendie de « República de Cromañón »[1], des voix se sont élevées pour me demander de citer des noms, mais je visais la ville dans son ensemble. Nous sommes tous soumis à la tentation de la corruption. Lorsqu'un policier arrête quelqu'un pour excès de vitesse, la première chose qu'on lui dira, c'est : « Bon, on peut trouver un moyen de s'arranger ? » Nous portons cela en nous, nous devons lutter contre cette tendance à la compromission, le coup de pouce qui vous fera passer en tête de

1. « República de Cromañón » était une discothèque de la ville de Buenos Aires dont l'incendie, dans la nuit du 30 décembre 2004, a provoqué la mort de 193 personnes. Ce jour-là, il y avait bien plus de monde que l'endroit ne pouvait en contenir, les issues de secours avaient été bloquées, et les normes de sécurité n'étaient pas respectées. Le 30 décembre 2009, Mgr Bergoglio a célébré une messe pour le cinquième anniversaire de la catastrophe, dont les termes avaient été interprétés comme des critiques à l'encontre de responsables politiques. (*N.d.T.*)

liste. Nous avons un penchant naturel pour le pot-de-vin. Dans mon homélie, j'évoquais un défaut de la ville, je ne faisais pas de la politique partisane. Mais les médias réduisent toujours nos propos à quelque chose de conjoncturel. Ils aiment faire sensation : ils pratiquent la désinformation. Ce que l'on dit du haut de la chaire relève de la politique avec un grand « P », celle des valeurs, mais les médias sortent les discours de leur contexte et les exploitent à des fins partisanes. Lors de l'affaire du Te Deum, je me souviens que vous m'avez félicité pour mon courage. Moi, je trouvais cela normal de m'exprimer de la sorte, alors que vous, vous aviez déjà en tête l'interprétation que ne manqueraient pas d'en faire les journaux. Dès le lendemain, les journaux en donnaient une lecture extravagante visant tel ou tel homme politique alors que j'avais utilisé un « nous » inclusif[1].

AS : Je me souviens bien de cette histoire. Après cette homélie, il n'y a plus eu de Te Deum à la cathédrale métropolitaine. Les médias, malheureusement, ne rapportent jamais le véritable sens des paroles de l'homme de religion, qui sont toujours une défense de certaines valeurs. L'homme de religion ne prend pas simplement la parole dans un contexte donné, il se projette dans le futur, il vise la transcendance, il s'exprime au nom de valeurs profondes. Selon les Prophètes, qui sont très exigeants, tant qu'une seule

1. Mgr Berglogio fait allusion à la polémique qui l'a opposé au président Kirchner en 2005, suite à une homélie critiquant le gouvernement, à la suite de laquelle le président avait cessé d'assister à la messe solennelle (Te Deum) célébrée chaque année à la cathédrale de Buenos Aires lors de la fête nationale, le 25 mai. (*N.d.T.*)

personne au monde a faim, la situation n'est pas satisfaisante. S'agissant d'une homélie, par exemple, il convient de l'analyser à la loupe et d'étudier très précisément chaque mot employé, et de la considérer selon le point de vue des Prophètes. Mais force est de reconnaître également qu'en raison de la place qu'occupe l'Église en Argentine, on ne peut esquiver le dialogue avec le pouvoir ni s'attendre à ce que celui-ci n'interprète pas politiquement ces paroles.

JB : Le risque qui guette les prêtres et les évêques, c'est le cléricalisme, qui est une interprétation critiquable du religieux. L'Église catholique, c'est le peuple fidèle de Dieu, prêtres compris. Lorsqu'un prêtre exprime la parole de Dieu ou lorsqu'il prend à sa charge le ressenti du peuple de Dieu dans son ensemble, il prophétise, il exhorte, il catéchise depuis sa chaire. Lorsqu'un prêtre conduit un diocèse ou une paroisse, il se doit d'écouter sa communauté et de mûrir ses décisions en conséquence, pour lui montrer la voie. En revanche, s'il cherche à s'imposer, si, d'une manière ou d'une autre, il dit « c'est moi qui commande », il tombe dans le cléricalisme. Il existe hélas chez certains prêtres des attitudes qui ne correspondent pas à la recherche de l'harmonie au nom de Dieu. Certains manifestent une forme de cléricalisme dans leurs prises de parole publiques. L'Église défend l'autonomie des questions humaines. Autonomie saine, laïcité saine, à chacun de respecter les compétences de l'autre. L'Église ne se permettrait pas de dire aux médecins comment effectuer une opération. Ce qui est nuisible, c'est la laïcité militante, celle qui adopte des positions antitranscendantales ou exige que la religion reste confinée à la sacristie.

AS : Je suis, pour ma part, très critique et sceptique à l'égard des différents partis politiques argentins, et je pense que notre histoire, ancienne et récente, me donne raison. Je ne ressens de fidélité envers aucun parti. Mais attention, j'ai toujours pensé, et je continue de le faire, que le meilleur système est le système démocratique. Quand je parle de l'Argentine, je le fais toujours d'une manière très générale, considérant que nous sommes tous responsables de ce qui se passe dans notre pays. Il est invraisemblable qu'un pays qui produit de la nourriture pour trois cents millions de personnes soit incapable de nourrir ses trente-huit millions d'habitants. C'est le signe d'une rupture dans nos valeurs. Ce que je vois, ce sont surtout des luttes d'intérêts, beaucoup moins des luttes pour le bien-être de son prochain. Je n'ai pas l'impression non plus que les différents groupes politiques se proposent réellement de transformer la réalité de manière durable. La seule chose qui semble les motiver, c'est la course au pouvoir, et de fait ils font passer le pouvoir avant l'homme. Il suffirait de très peu d'argent pour éradiquer les bidonvilles. Mon cœur a mal lorsque je vois des mendiants de plus en plus nombreux dans nos rues. L'Argentine est malade, et mon âme en souffre. Je le dis sans la moindre intention partisane, mais j'ai bon espoir qu'un jour surgiront des dirigeants capables de transformer cette réalité.

JB : Il y a quelques années, les évêques français ont publié une lettre pastorale dont le titre était

«Réhabiliter la politique», car ils avaient compris que celle-ci avait perdu beaucoup de son prestige, et je pense qu'il en est de même chez nous. Il est indispensable d'inverser cette tendance : la politique est la plus haute forme de la charité sociale. L'amour social s'exprime dans l'action pour le bien commun. Je suis né en 1936, dix ans avant l'accession au pouvoir du général Perón. Du côté de ma famille maternelle, on était depuis toujours proche du parti radical. Mon grand-père maternel était menuisier et, une fois par semaine il recevait la visite d'un monsieur avec une barbe blanche, un marchand de teintures pour bois. Ils passaient un long moment à discuter, et ma grand-mère leur servait du thé ou du vin. Un jour elle m'a demandé si je savais qui était ce monsieur. Elle m'a appris qu'il s'agissait d'Elpidio Gonzalez, qui avait été vice-président du pays. Cette image d'un ancien vice-président qui gagnait sa vie en vendant des teintures pour bois est restée gravée dans mon esprit, comme un symbole d'honnêteté. Notre politique s'est dévoyée, elle s'est éloignée des idées, des propositions... Les plateformes politiques sont devenues des objets esthétiques : l'image compte plus que le contenu. Platon le disait déjà dans *La République*, la rhétorique – l'esthétique, si l'on veut – est à la politique ce que la cosmétique est à la santé. Nous sommes passés de l'essentiel au superficiel, nous avons mis les statistiques et le marketing sur un piédestal. C'est peut-être pour cela que je suis un pécheur en ce qui concerne mes devoirs civiques : j'ai voté pour la dernière fois en 1958, à l'époque du président Frondizi[1]. J'habitais à Santa Fe, où j'enseignais. Lorsque je me suis installé à Buenos Aires, je n'ai pas signalé mon changement de domicile, et je suis resté inscrit sur les listes électorales de Santa Fe. Et puis le jour où j'ai eu soixante-dix ans, je ne me suis plus senti l'obligation de voter[2]. On peut trouver critiquable ou louable ma décision de ne plus voter, mais, étant tout compte fait le père de tous, j'estime ne pas avoir à m'engager politiquement. Il est certes difficile de faire abstraction des échéances électorales, surtout lorsque certains viennent frapper à ma porte pour obtenir mon soutien car ils pensent être les meilleurs. En tant que prêtre, je conseille aux fidèles de lire les programmes électoraux avant de faire leur choix. Dans mes prêches je m'efforce de donner ce type de conseil, j'incite à réfléchir aux valeurs en jeu, sans aller plus loin.

AS : Moi aussi, je conseille aux membres de ma communauté de lire les programmes, libre à chacun de les analyser selon son propre jugement. Mon poste n'est pas aussi exposé que le vôtre, mais lorsqu'on m'invite à participer à des manifestations politiques non électorales, j'accepte volontiers. Je crois que c'est une manière d'honorer et la politique et le pays.

JB : Il ne fait pas de doute qu'en participant à la vie politique, on honore la démocratie.

1. Arturo Frondizi (1908-1995), homme politique argentin, président de la République de 1958 à 1962. Il fut le premier président élu à succéder au général Perón, renversé par un coup d'État militaire en 1955, et fut lui-même renversé par un coup d'État en 1962. (*N.d.T.*)

2. En Argentine, le vote est obligatoire. (*N.d.T.*)

AS : Lors de certains grands événements politiquement connotés, il nous arrive d'émettre un avis. Parfois, il est critique. Lorsque quelque chose heurte nos valeurs, nous estimons qu'il est de notre devoir de le dire, non pas d'un point de vue politique mais religieux. S'agissant de valeurs humaines, la distinction est parfois difficile. Mais nous ne pouvons en aucune manière faire comme si cela n'existait pas. Vers la fin de la dictature militaire, j'animais une émission religieuse à la télévision, et j'y ai souvent affirmé l'importance de la démocratie. Ce n'était pas le point de vue d'un homme politique mais celui d'un rabbin.

JB : Il faut distinguer la politique avec un petit p et la Politique avec un grand P. Les actes d'un homme de religion relèvent de la Politique avec un grand P, mais il arrive que certains se mêlent de politique avec un petit p. L'homme de religion a pour devoir de parler de valeurs, d'une ligne de conduite, de l'éducation, il a le droit de s'exprimer si on le lui demande face à une situation sociale donnée. J'ai par exemple célébré une messe pour le cinquième anniversaire de la catastrophe de «República de Cromañón». Il y a d'autres situations où l'on doit s'exprimer, comme lorsqu'on assiste à des dérives sérieuses. On ne prend pas la parole publiquement pour des raisons politiques, mais parce que des valeurs importantes sont en jeu, parce que des malheurs se produisent. Le prêtre a une obligation de défense des valeurs, mais le monde de la politique fonctionne différemment : en entendant un homme de religion s'exprimer, ils diront qu'untel ou untel est visé. Nous ne visons personne, nous nous exprimons parce que nous estimons que des valeurs importantes sont mises en péril. Et aussitôt les médias se déchaînent : « Dures attaques contre untel ou untel. »

AS : Les hommes politiques tiennent un double langage. D'un côté, ils nous demandent de ne pas nous mêler de politique, mais lorsqu'ils sont en campagne, ils quémandent notre bénédiction.

JB : Je reçois toutes sortes d'hommes politiques. Certains ont de bonnes intentions, ils partagent la doctrine sociale de l'Église. Mais d'autres viennent seulement pour obtenir un parrainage politique. Ma réponse ne varie jamais : leur première obligation est de préserver l'unité de la nation, la seconde de dialoguer entre eux. Le pays est la dimension géographique et la nation est incarnée par la Constitution et les différentes composantes juridiques et légales qui rendent possible la vie en société. Un pays ou une nation peut succomber à une guerre, être mutilé et reconstitué. Mais la patrie, c'est le patrimoine de nos pères, le legs que nous ont laissé les fondateurs. Elle représente des valeurs qui nous ont été confiées non pas pour qu'on les garde dans une boîte de conserve, mais pour nous aider à affronter les défis du présent et du futur. On ne se remet jamais de la perte de la patrie, c'est notre patrimoine commun. Il y a deux images très éloquentes au sujet de la patrie. L'une est biblique : lorsque Abraham quitte son pays, suivant la voie tracée par Dieu, son père, qui est un fabriquant d'idoles, l'accompagne. Abraham ne rompt donc pas avec la tradition, il l'affine et la purifie grâce à la Révélation. L'autre image est celle d'Énée qui, fuyant Troie en flammes avec Anchise, son père, sur les épaules, part fonder Rome. La patrie, ce sont ces pères que l'on porte sur ses épaules. C'est l'héritage qui doit nous permettre d'affronter le présent, de prospérer et d'aller de l'avant. Aujourd'hui, les hommes politiques ont la charge de ce patrimoine. Dieu confie à l'homme cette responsabilité, celle de gérer le progrès de son pays, de sa patrie, de sa nation. La religion s'occupe des critères éthiques et moraux et montre la voie de la transcendance.

AS : Vous avez utilisé un mot important : dialogue, signifiant par là le dialogue sincère et profond. Le pire problème de notre pays est avant tout culturel. L'Argentine est très malade, et l'une des manifestations de cette maladie, c'est l'absence de dialogue. Comme vous l'avez si bien exprimé, un pays est à la fois un territoire, une nation, c'est-à-dire une structure juridique et légale, et une patrie, le patrimoine commun. Mais tout cela repose sur un creuset de valeurs. L'Argentine est née d'une structure où la religion occupait une place prépondérante, avec ses bons et ses mauvais côtés. Chaque tradition doit pouvoir conserver sa propre vision du monde mais il faut aboutir à un dialogue avec les agnostiques pour parvenir à un consensus permettant de refonder la Patrie. Je suis d'accord avec vous, on porte son père sur ses épaules mais, comme l'a dit le célèbre rabbin de Kotzk : une vérité imitée cesse d'être une vérité. Il faut créer notre propre vérité, enracinée dans le passé, par le dialogue, et la religion a un rôle important à jouer. Voilà où devrait se trouver le point de contact avec le monde politique. Par ailleurs, il n'y a pas beaucoup d'États théocratiques, parce qu'ils impliquent une forme de fondamentalisme. La structure des États doit être démocratique ; l'État d'Israël, dont tous les aspects reflètent les valeurs de la tradition juive, est à mes yeux un État bâti autour d'un noyau fondamentalement démocratique. Ce n'est pas tous les jours facile, la relation entre religion et État est souvent conflictuelle. Le rabbinat dit une chose, la Cour suprême en dit une autre, et on s'efforce de faire coexister la démocratie avec certaines structures religieuses qui sont parfois dures et rigides. Mais, en démocratie, le dialogue permet d'assouplir ce qui est dur au départ.

JB : Le pouvoir a été donné par Dieu aux hommes. Il leur a dit : « La Terre vous appartient, croissez et multipliez-vous. » Ce don de Dieu permet de faire partie de Sa création. J'aurais tendance à démythifier le mot « pouvoir », qui sert parfois à définir la religion. Si l'on pense que le pouvoir, c'est imposer sa volonté, obliger tout le monde à penser d'une certaine manière, on se trompe lourdement. Et la religion, ce n'est certainement pas cela. Si l'on considère le pouvoir sous un angle anthropologique, en tant que service rendu à la communauté, c'est une autre affaire. La religion met son patrimoine à la disposition de son peuple, mais, dès qu'elle se mêle de politique politicienne pour imposer des choses en sous-main, alors elle devient néfaste. Le pouvoir religieux doit être sain, il doit permettre à l'homme de s'épanouir pleinement et de rencontrer Dieu. C'est un pouvoir positif : je suis là pour aider. Il est bon que la religion et le pouvoir politique entretiennent un dialogue ; le problème, c'est quand ils s'associent pour faire des affaires sous la table. Et il y a eu de tout cela dans l'histoire de notre pays.

AS : Pour la communauté juive, c'est l'attentat contre l'AMIA qui définit un avant et un après[1]. À cette époque, certaines figures de la communauté se sont rapprochées du président Menem[2], et le résultat n'a pas été fructueux. Ou plutôt si, mais avec des fruits amers. Je crois en la nécessité d'un dialogue, mais en conservant une certaine distance. Cela ne doit pas donner lieu à des amitiés dont l'une ou l'autre partie pourrait chercher à tirer bénéfice. Il faut pouvoir prendre son téléphone pour appeler un ministère ou un secrétariat d'État des Cultes lorsque surgit un problème, mais la ligne de démarcation doit être claire. Si je regarde du côté de l'Église, je suis atterré par les prêtres qui ont participé à la torture, comme Christian von Wernich[3], et à ceux qui ont contribué à ce qui se passait en absolvant purement et simplement

1. Le 18 juillet 1994, un attentat à la voiture piégée devant le siège de l'Association mutuelle israélite d'Argentine, faisait 80 morts et plus de 300 blessés. (*N.d.T.*)

2. Carlos Saúl Menem, président de la République argentine de 1989 à 1999.

3. Christian von Wernich a exercé les fonctions d'aumônier de la police de la province de Buenos Aires pendant la dictature militaire de 1976-1983. Il a été condamné le 9 octobre 2007 à la réclusion à perpétuité pour crimes contre l'humanité.

les assassins au lieu de leur dire clairement qu'ils étaient des assassins.

JB : Participer à des situations de ce type, c'est les cautionner.

AS : Un homme ne cesse jamais d'être un homme. Pour nous, l'homme n'est pas un ange, esprit pur et obéissant. L'ange n'a pas de libre arbitre, et l'homme a des passions. D'une manière ou d'une autre, celui qui prétend diriger sa communauté religieuse doit avoir de la confiance en soi, de l'amour-propre et même une dose de narcissisme. Sinon, il ne peut remplir ce rôle. Tous ceux qui souhaitent être à la tête d'une communauté doivent réaffirmer leur propre moi. La question est toujours : que faire de ce pouvoir ? Car le pouvoir sert toujours à quelque chose. Vous souvenez-vous de ce que je vous ai dit lorsque je vous ai appelé lors de l'élection de Benoît XVI ? « J'espère que Dieu les aidera à choisir la personne appropriée. Historiquement, être pape, c'est devenir une voix digne de considération, qui ne laisse personne indifférent même si elle est aussi la cible de critiques. Et qu'ils choisiront quelqu'un au caractère trempé, car il aura sans doute à prendre des décisions importantes. » La question est la suivante : une fois parvenu au sommet, peut-on continuer à être sincère, humble, à la hauteur des circonstances ? Il y a cinquante ans, notre dialogue aurait été impossible. Et si vous n'étiez pas là, il le serait toujours. Il faut briser les cercles vicieux. En tant que chef de l'Église argentine, vous avez utilisé votre pouvoir pour faire quelque chose.

Par ailleurs, il ne faut pas toujours laisser les médiocres arriver au pouvoir.

JB : Je connais un jésuite très intelligent qui raconte cette histoire drôle d'un homme qui arrive en criant au secours. Qui le pourchasse ? Un voleur ? Un assassin ? Non, un médiocre avec du pouvoir... Malheur à ceux qui se trouvent sous les ordres d'un médiocre, surtout si celui-ci s'y croit. Mon père me disait toujours : « Salue les gens en montant, parce que tu les croiseras en redescendant. Ne te crois jamais arrivé. » L'autorité vient d'en haut, ce qu'on en fait, c'est une autre affaire. La lecture du livre des Rois me donne des frissons, car seule une poignée d'entre eux ont été des justes aux yeux du Seigneur. Quand on lit ce qu'ont fait ces rois religieux, on a envie de s'arracher les cheveux. Ils ont été jusqu'à tuer : David a non seulement commis l'adultère mais, pour masquer son méfait, il a fait tuer le mari de la femme ! Toutefois, lorsqu'il se fait rabrouer par le prophète Nathan, il reconnaît humblement qu'il a péché et demande pardon. Il est descendu de son trône et a imploré le Seigneur de donner sa place à un autre. Le pouvoir, dans notre tradition, est accordé par Dieu. Le Seigneur dit : « Vous ne m'avez pas choisi, c'est moi qui vous ai choisis. » Lorsque j'ordonne des prêtres, lors de l'imposition des mains, je leur dis qu'ils n'ont pas choisi une carrière avec un diplôme de curé, mais qu'ils ont été choisis. Vous l'avez bien dit : nous sommes humains, nous sommes des pécheurs, nous ne sommes pas des anges. On se retrouve progressivement prisonnier de pouvoirs qui ne sont pas ceux que l'on nous a accordés au départ, qui sont d'un autre type. On se croit arrivé, on s'arroge un pouvoir temporel que le Seigneur ne nous a pas conféré. La perte des États pontificaux a été une bonne chose pour l'Église, cela a permis de montrer clairement l'étendue réelle des possessions du pape, un kilomètre carré et demi. Lorsque le pape était à la fois roi temporel et roi spirituel, tout était mélangé, les intrigues de cour, les questions spirituelles. Bien sûr, cela existe encore de nous jours, l'ambition, le carriérisme sont présents chez les hommes d'Église comme chez les autres. Nous sommes humains, nous succombons à la tentation, nous devons être sur nos gardes pour préserver l'onction que nous avons reçue, car elle est un don de Dieu. Les intrigues de pouvoir, qui ont existé et existent toujours dans l'Église, sont dues à notre condition d'hommes. Mais on cesse dès lors d'être quelqu'un qui a été appelé à servir et on devient quelqu'un qui a choisi de vivre à sa guise et a laissé son impureté intérieure prendre le dessus.

20

À propos du communisme et du capitalisme

JORGE BERGOGLIO : Dans la conception communiste, tout ce qui est transcendant, tout ce qui est le signe d'un espoir dans l'au-delà s'oppose à l'agir ici-bas. Cela paralyse l'homme, c'est un opium qui le rend conformiste, l'incite à courber l'échine, l'empêche de progresser. Cette conception n'est pas limitée au système communiste. Le système capitaliste possède sa propre perversion spirituelle : il cherche à domestiquer la religion. Il cherche à la domestiquer pour qu'elle ne soit pas gênante, il cherche à la banaliser. Une certaine transcendance est acceptable, mais seulement à faible dose. Ces deux systèmes antagonistes ont en commun une vision de la religion en tant qu'opium. Dans la vision communiste, parce que tout l'effort doit porter sur le progrès de l'homme, une idée que l'on retrouve aussi chez Nietzsche. Et dans le système capitaliste parce que la transcendance n'est acceptable que si elle est apprivoisée. Pour les religieux, adorer Dieu, c'est se soumettre à sa volonté, à sa justice, à sa loi, à son inspiration prophétique. Pour l'homme de ce monde, en revanche, qui se sert de la religion, il ne faut pas pousser les choses aussi loin. « Conduis-toi bien, fais quelques bonnes actions mais n'en fais quand même pas trop », voilà en substance ce qui est préconisé. Il faut avoir de bonnes manières mais ne rien changer à ses mauvaises habitudes : le consumérisme, l'hédonisme, les arrangements politiques, l'argent roi, telles sont les manifestations de l'esprit mondain.

ABRAHAM SKORKA : Marx a dit que la religion était l'opium du peuple, et Nietzsche que l'homme a tué Dieu. Je m'efforce de comprendre le sens de ces affirmations en me mettant à la place de ces deux penseurs, car j'ai du mal à croire que des personnes aussi intelligentes aient été insensibles à l'importance que peut revêtir la quête authentique de Dieu. Cela me conduit à les réinterpréter de deux manières. D'abord, je pense comme vous que Marx ne visait pas Dieu, il visait ce qui se passe ici et maintenant. La transcendance n'a pas de place dans ses écrits. Selon lui, tous les problèmes seraient réglés par l'imposition d'un ordre social et économique juste. Mais je pense qu'il existe une autre interprétation qui est une critique des institutions religieuses pour leur manque de spiritualité. Le christianisme s'est propagé à la faveur d'une crise des valeurs. C'est cela qui explique son expansion fulgurante. Pour le chrétien, bien évidemment, c'est l'impact sur le monde de la venue de Jésus qui explique pourquoi tant de gens ont immédiatement adopté son message. Mais, même si l'on admet ce point de vue, il reste qu'historiquement le terrain était prêt pour cet impact : le monde païen était sur le déclin et il y avait un besoin de renouveau spirituel. Le christianisme était la réponse à ce besoin. Il s'est passé quelque chose d'analogue, mais inverse, au temps de Marx : les croyances ne répondaient pas aux inquiétudes spirituelles de l'époque, et voilà pourquoi il a écrit ce qu'il a écrit. Je crois que toute sa révolte prenait naissance, justement, dans une grande quête spirituelle. Je considère par ailleurs que le monde contemporain nous éloigne effectivement de Dieu. Beaucoup de courants religieux disent : «Fais ceci, et ça ira mieux pour toi. Un monde nouveau te tend les bras.» Le phénomène religieux est quelque chose de bien plus profond, la certitude des sciences expérimentales n'y a pas de place. C'est une question de foi, une foi qui doit être analysée avec un soin extrême et réinventée de manière pérenne.

JB : On dit parfois que la religion promet une vie meilleure pour demain, mais que cela demande qu'on supporte aujourd'hui des choses intolérables pour la dignité humaine. Or la promesse d'une vie meilleure dans l'au-delà ne nous exonère pas de lutter pour les droits individuels, sociaux, éthiques, de l'humanité. Quelqu'un qui subit sans broncher en rêvant du Paradis est effectivement sous l'emprise d'une sorte d'opium. Les peuples qui ont subi des persécutions et des destructions – comme les victimes des trois grands génocides du siècle dernier, l'arménien, le juif et l'ukrainien – ont lutté pour leur libération. Peut-être certains ont-ils estimé qu'ils n'étaient pas de taille et préféré s'en remettre à Dieu sans autre forme de procès ? Selon la doctrine catholique, les affaires humaines ont une autonomie, celle que Dieu leur a conférée, et on ne peut s'exonérer de cette responsabilité en invoquant l'au-delà. On se doit de lutter pour le progrès, dans tous les sens du mot : le progrès moral, le progrès scientifique, le progrès éducatif, le progrès dans le travail. C'est en luttant qu'on ne succombe pas à l'opium.

AS : Comme disent les *Psaumes :* «Le ciel est le ciel du Seigneur, mais il a donné la terre aux êtres humains[1] ». Il faut s'efforcer de toujours vivre en équilibre ; si nous nous éloignons de cet équilibre ; nous sommes perdus.

JB : Nous avons hérité cette même conception du judaïsme. Le peuple juif n'a pas attendu passivement sa libération de l'esclavage. Conduit par le Seigneur, il a fait la guerre. Il a pris possession de la terre promise. Lorsque les hellénisés ont voulu les réprimer, les Macchabées ont conduit une guérilla. Le peuple juif s'est libéré par ses propres moyens, sans jamais cesser de prier. Une fois, à la veille d'une bataille, un Prophète a dit, parce que le peuple redoutait que ses forces soient inférieures : «Du calme, car celle-ci est ma guerre, c'est la guerre de Dieu.» Dieu ne les a dispensés de se battre qu'en de rares occasions, parfois simplement pour démontrer Sa grandeur. Mais en général Il dit : «Je suis à tes côtés, bats-toi.» Comme Moïse, les mains tendues vers le Ciel, tandis que son peuple se battait.

AS : Dans le Talmud, il est dit que mieux vaut une heure de contrition, de repentir, de retour à Dieu et de

1. Psaumes 115:16.

bonnes actions en ce bas monde, que toute une vie dans le monde à venir[1]. Et mieux vaut une heure de paix et de spiritualité dans le monde à venir que toute une vie ici-bas. Pour résumer, tout a son importance ! Il ne faut pas sacrifier la réalité terrestre au monde à venir. Le même traité talmudique dit également : « Les justes seront rétribués pour leurs actions dans une réalité future[2] ». Cela me fait penser à la parabole : « Bienheureux les pauvres car le royaume des cieux leur appartient. » Cela ne signifie pas qu'il faille vivre dans le dénuement et la pauvreté, qui seraient le moyen d'atteindre la vie éternelle. Pour moi, « pauvre » veut dire qu'il n'est pas nécessaire d'amasser une fortune pour atteindre la transcendance. Le seul moyen d'y parvenir c'est de vivre comme un juste. Selon la Genèse, Dieu a donné mandat à l'homme pour qu'il « soumette le monde », ce que j'interprète comme voulant dire qu'il doit y vivre pleinement. L'idéal ascétique de renoncement aux plaisirs de ce monde ne fait pas partie des idéaux du judaïsme, dès lors que l'on se conduit avec droiture et justesse. Le Talmud dit que l'homme devra rendre compte un jour de tous les beaux fruits qu'il a vus mais n'a pas goûtés[3]. L'idéal juif n'est pas un monde de soumission et de restrictions. Vivre pleinement, ici comme là-bas, c'est vivre en faisant preuve d'équité et de bienveillance, comme le dit le Deutéronome[4].

1. Avot : 4:17.
2. 2:16.
3. Yeroushalmi, Kiddoushin, chapitre 4, page 66, colonne 2, Halakha 12.
4. Deutéronome 6:18.

21

À propos de la mondialisation

JORGE BERGOGLIO : Si l'on considère la mondialisation comme une sorte de sphère, les vertus des différentes cultures s'annulent les unes les autres. La mondialisation que nous devons défendre est une sorte de polyèdre qui permet à chacun d'avoir sa place tout en préservant sa particularité, qui à son tour enrichit toutes les autres.

ABRAHAM SKORKA : Quand je pense à la mondialisation, ce qui me vient en premier lieu, c'est une vision naïve. Par exemple, je trouve cela bien que l'on puisse se repérer dans les aéroports de n'importe quel pays parce qu'on utilise partout les mêmes codes. La mondialisation vue sous cet angle, c'est formidable. Ce que j'ai plus de mal à comprendre, en revanche, c'est comment, d'un coup, des groupes musicaux américains peuvent faire fureur à Budapest. Face à ces phénomènes, des mouvements de revendication de l'identité propre à chacun se sont développés, aussi bien dans le judaïsme que dans le christianisme ou l'islam. Que des entreprises puissent interagir au niveau international ne me paraît pas une mauvaise chose, mais des règles doivent encadrer cela pour que la population ne s'en trouve pas exclue. C'est une bonne chose, l'existence d'interactions mondiales, mais des normes doivent empêcher tout matérialisme destructeur. Pour moi, l'interaction entre les peuples doit permettre à chacun de préserver et d'approfondir son identité. Un peuple intelligent ne peut qu'avoir confiance en lui-même, il jauge ce que font les autres peuples et sait dire ce qui lui convient et ce qui ne lui convient pas. C'est ce qui s'est passé avec les Juifs avant la conquête par Alexandre le Grand : le Talmud regorge de concepts grecs et gréco-latins, car il est impossible de rester indifférent aux véritables réussites de l'autre. Si l'on croit profondément en ce qui nous appartient, un dialogue fécond avec l'autre est possible : voilà comment je conçois la mondialisation culturelle. Mais lorsqu'un pays n'a pas confiance en soi, lorsqu'il n'y a pas de normes claires, lorsqu'il n'y a pas d'égards pour son prochain, lorsqu'y règne l'exploitation de l'homme par l'homme, ce que l'on constate, c'est l'orgie de mouvements de capitaux qui a marqué les temps récents.

JB : La mondialisation uniformisatrice n'est pas humaine, elle est essentiellement impérialiste et instrumentalement libérale. En dernière analyse, c'est une manière de soumettre les peuples à un nouvel esclavage. Je l'ai dit, il faut sauvegarder la diversité de l'humanité en favorisant une unité harmonieuse. Vous avez mentionné les aspects positifs de la mondialisation, ceux qui nous aident à mieux nous comprendre, mais dans certaines conditions ceux-ci peuvent aussi conduire à la destruction des peuples. Dans notre pays, l'expression « creuset de races » était monnaie courante. En tant que métaphore, cela ne pose pas de problème. Mais s'il s'agit de fusionner réellement les peuples, c'est inacceptable : un peuple doit préserver son identité tout en interagissant harmonieusement avec les autres.

AS : Ceux qui dans notre pays parlaient d'un « creuset de races » avaient en tête une sorte d'Argentin modèle, que l'on devait chercher à atteindre en se débarrassant de nos vieux habits. Il ne s'agissait en rien d'une interaction positive. C'était une vision extrémiste.

JB : C'étaient des fondamentalistes. L'une des caractéristiques de notre histoire nationale, c'est le rôle du métissage. Le métissage mêle universalité et respect de l'identité d'autrui. Je crois que l'Amérique latine est l'un des endroits où le métissage, au sens noble et généreux du terme, c'est-à-dire une rencontre et non une fusion des cultures, a le mieux marché. J'aime les fêtes qui permettent à chaque communauté de manifester sa diversité. C'est une bonne chose que notre gouvernement ait décidé de célébrer notre bicentenaire en accordant une place à chaque communauté.

22

À propos de l'argent

JORGE BERGOGLIO : Le christianisme condamne aussi sévèrement le communisme que le capitalisme sauvage. La propriété privée est un droit, mais l'obligation de la socialiser d'une manière équitable l'est tout autant. Un bon exemple serait la question de la fuite des capitaux, car l'argent, quoi qu'on en dise, a une nationalité, et celui qui place à l'étranger l'argent produit par une industrie de notre pays commet un péché. Il n'honore pas l'endroit qui lui a permis d'acquérir cette richesse, il n'honore pas le peuple dont le travail lui a permis de la posséder.

ABRAHAM SKORKA : Le Lévitique contient un plan de développement économique[1]. Il y est dit que chacun doit posséder sa parcelle. Celui qui ne la laboure pas peut la louer. Mais la loi doit faire en sorte que chacun dispose d'une propriété inaliénable, laquelle doit lui permettre de vivre dignement. L'Histoire démontre clairement que l'homme a besoin d'une

1. Lévitique 25.

juste récompense pour son travail. L'échec de l'Union soviétique l'illustre de manière particulièrement frappante. Il y avait une classe au pouvoir qui vivait de manière luxueuse et un peuple qui dans sa grande majorité vivait dans la précarité. L'abolition de la propriété privée est certainement responsable de cet échec. Mais une autre expérience a eu lieu au XXe siècle, celle-là a réussi : le kibboutz[1]. Ces colonies agricoles organisées selon un modèle socialiste ont été l'une des colonnes vertébrales de la création et du développement de l'État d'Israël, même si aujourd'hui elles ne sont plus au centre de l'économie israélienne et doivent adopter de nouvelles formes de développement socioéconomique pour survivre. Le juste chemin semble être celui d'une propriété privée dans le cadre d'une distribution et redistribution équitables de la richesse. C'est un retour à la loi du Lévitique, à l'ordre social qui y est proposé. Mais lorsque les responsables économiques n'ont d'autre idée en tête que le « dieu argent » ou le « dieu consommation », lorsqu'ils perdent de vue que la question ultime, essentielle, c'est l'homme, on aboutit au capitalisme sauvage. Si le capital vient au secours de l'homme, il est le bienvenu, autrement l'équité impose de mettre en place les correctifs nécessaires.

JB : D'où l'importance à nos yeux du concept de « dette sociale ». Dans tout usufruit, il faut tenir compte de cette dimension, celle de la dette sociale.

---

1. Fermes collectives en Israël.

AS : J'enseigne à mes élèves de ne pas plier le genou devant le possédant, l'arrogant qui, parce qu'il a de l'argent, croit avoir du pouvoir. Bien évidemment, lorsqu'une communauté s'organise, il faut pouvoir compter sur ses membres les plus nantis, mais l'argent doit être bien acquis. Il n'est pas vrai que l'argent n'a pas d'odeur. On ne peut asseoir une spiritualité sur de l'argent qui sent mauvais.

JB : Un prédicateur des premiers temps du christianisme a dit que derrière toute grande fortune se cache un crime. Je ne pense pas que ce soit systématiquement le cas, mais je comprends ce que cela veut dire : certaines personnes estiment qu'en faisant un don d'argent ils s'achètent une conscience. Mais ce n'est pas comme cela que l'on lave sa conscience dans le dialogue pastoral. Comme je l'ai déjà dit, je demande à celui qui vient se confesser s'il fait l'aumône, s'il donne de l'argent aux mendiants. Lorsqu'il me répond oui, je lui demande : « Et tu regardes dans les yeux celui à qui tu donnes ? Tu lui touches la main ? », et là il bafouille, parce que très souvent la pièce est jetée sans l'ombre d'un regard. Ces attitudes, ces gestes sont courants. Soit on est solidaire de son peuple, soit on vit de son argent mal acquis. Le septième commandement dit : « Tu ne voleras point. » Certaines personnes qui possèdent de l'argent mal acquis cherchent à le rendre en faisant des dons à des œuvres de bienfaisance. Je n'accepte jamais un tel don s'il ne s'accompagne pas d'un changement de comportement, d'une manifestation visible de remords. Sinon, on s'achète une conscience et la farce continue. Un jour, un dirigeant religieux a été accusé d'avoir profité de l'argent de narcotrafiquants et pour sa défense il a dit que l'argent servait à faire le bien, et qu'il ne se demandait donc pas d'où il venait. C'est mal. On ne peut pas accepter de l'argent maculé de sang. La relation entre l'argent et la religion n'a jamais été simple. On parle souvent de l'or du Vatican, mais au Vatican, l'or se trouve dans les musées. Un musée, ce n'est pas la même chose qu'une religion. Une religion a besoin de moyens pour ses œuvres, et cela est financé par des institutions bancaires, il n'y a là rien d'illégal. La question, c'est l'usage que l'on fait de l'argent reçu des fidèles. Les comptes du Vatican sont publics, et ils sont toujours déficitaires : ce que rapportent les dons ou les visites dans les musées est confié à des léproseries ou des écoles, à des communautés d'Afrique, d'Asie ou des Amériques.

AS : L'institution parfaite, religieuse ou non, n'existe pas. C'est impossible. Les hommes ne sont pas parfaits. Chaque homme est un lieu de conflits, on devient prêtre, pasteur, rabbin pour des motifs nobles mais il arrive que les choses dérapent. Tous les hommes de religion n'ont pas une conduite irréprochable. Mais cela ne saurait porter atteinte à l'essence des choses. Un cas de malversation n'implique pas que tout le reste soit hypocrite. Il faut savoir séparer le bon grain de l'ivraie. Mais on se montre plus exigeant envers la religion à cause de sa nature essentiellement morale. Tout homme qui prétend être un homme de foi et se conduit d'une manière contraire à la morale est doublement coupable, tout comme le juge qui favorise l'injustice, parce qu'il sape l'idée même de justice. Pendant les sombres années de la dictature, ceux qui combattaient la guérilla l'ont fait en se débarrassant de toute considération de justice, en perdant tout repère : ils étaient donc doublement coupables. Parce qu'ils ont causé un mal doublement incommensurable, au pays et aux familles. Pareillement, le politique dont le comportement est répréhensible est doublement coupable car il a l'obligation de se conduire de manière exemplaire.

JB : La pire chose que puisse faire l'homme de religion, quelle que soit sa confession, c'est avoir une double vie. Souvent, des hommes ordinaires y succombent ; on a sa maison ici, et son petit nid là-bas, et cela peut paraître bénin. Mais chez l'homme de religion, c'est intolérable. Lors du scandale de la banque Ambrosiano, Jean-Paul II s'est exprimé d'une manière catégorique : il a donné l'ordre que tout l'argent soit restitué[1].

---

1. La banque Ambrosiano était une institution financière fondée en 1896 qui a fait faillite en 1982. Au centre du scandale se trouvait son président, Roberto Calvi, qui appartenait à la loge maçonnique Propaganda Due (connue sous le nom de « Loge P2 »). La banque du Vatican était l'actionnaire principal de la banque Ambrosiano.

23

À propos de la pauvreté

ABRAHAM SKORKA : Les religions ont une obligation totale et absolue envers la pauvreté. La Torah contient des préceptes qui dictent, de manière impérative, d'aider les nécessiteux. La clameur des prophètes – surtout ceux que nous appelons les « prophètes du Livre » : Osée, Amos, Michée et Isaïe – montre clairement que l'un des piliers de leur prédication, c'est leur engagement auprès des nécessiteux. On honore Dieu en créant une société juste, et pour cela il faut bâtir une communauté dans laquelle tous puissent vivre dignement. Une des thèses fondamentales des Saintes Écritures est qu'il ne peut y avoir de société, de peuple, de nation – et je serais tenté d'ajouter « d'État » – sans éthique et sans engagement envers toutes les couches de la société. L'obligation de venir en aide à la veuve et à l'orphelin revient constamment dans le texte biblique. Dans la tradition juive, il y a toujours eu des sociétés d'entraide pour ceux qui n'avaient pas de quoi manger. En Argentine, on connaît le travail accompli par les œuvres sociales de l'AMIA[1], ainsi que par bien d'autres institutions de la communauté. L'engagement envers les nécessiteux est une constante. Toute la littérature biblique sur la propriété foncière s'efforce d'empêcher l'émergence de latifundistes : chaque famille doit disposer d'une parcelle lui permettant d'assurer sa subsistance. En même temps, elle pose des règles d'exploitation pour que la terre soit préservée. Selon la Torah, chaque parcelle doit être cultivée six ans puis laissée en jachère pendant une année. En ce qui concerne l'Argentine, dans les moments de crise il y a toujours eu des réactions pour venir au secours des gens dans le besoin. Il existe dans notre pays une forte culture de la solidarité, solidement ancrée dans toutes les couches de la population. Lorsque j'étais à l'école primaire, il y a eu de grandes inondations, je me souviens d'avoir apporté des couvertures et des paquets de vêtements pour les victimes. Dans ma famille, qui n'avait pas beaucoup de ressources, ces gestes de solidarité faisaient partie de nos habitudes. Dans notre communauté, il existe une tradition d'aide pour les Juifs comme pour les non-juifs. Dans ma synagogue, Bnei Tikva, nous collectons des vêtements pour les envoyer dans les écoles des provinces pauvres. C'est triste que le pays dans son ensemble n'en fasse pas autant. Il est inconcevable que des enfants n'aient pas de vêtements ni de chaussures pour aller à l'école. Nous ne sommes pas des magiciens, nous faisons ce que nous pouvons, mais le mandat biblique est clair : un homme ne peut se désintéresser de ce qui arrive à

1. Association mutuelle israélite argentine.

son frère. Et j'aimerais ajouter encore quelque chose : il y a toujours eu un grand engagement des Juifs dans toutes les luttes pour la liberté des hommes, pour l'égalité. Lors de la Révolution russe, par exemple, les Juifs ont joué un rôle important parce que grâce à elle les problèmes auxquels ils devaient faire face en tant que Juifs disparaîtraient. Sans aller aussi loin, le pourcentage des Juifs qui en Argentine ont participé par idéalisme aux grands mouvements d'émancipation sociale des années 1970 est sans commune mesure par rapport à la part de la population argentine qu'ils représentent effectivement. Dans le parti communiste, dans le parti socialiste et dans tous ces mouvements qui combattaient pour les revendications des classes populaires, il y a toujours eu une forte présence juive. Même chez le Juif athée persiste cette obligation ancestrale de ne pas se contenter de chercher à améliorer son propre sort. Si une autre personne est dans la difficulté, il faut aussi se battre pour elle. Même si ma propre situation est confortable, je ne peux m'en contenter dès lors que d'autres souffrent. Chacun doit pouvoir vivre dignement.

JORGE BERGOGLIO : Dans le christianisme nous citons – héritage du judaïsme – cette phrase du prophète Isaïe : « Ne t'esquive pas devant celui qui est ta propre chair.[1] » La clé nous est donnée par la parabole du Jugement dernier, lorsque le Seigneur place les uns à sa droite (les bons) et les autres à sa gauche (les méchants). À ceux du côté droit, Il dit : « Venez,

1. Isaïe 58:7.

soyez bénis, car j'ai eu faim et vous m'avez nourri, j'ai eu soif et vous m'avez donné à boire, j'étais nu et vous m'avez vêtu, j'étais malade et vous m'avez visité.» Et eux Lui demandent à quelle occasion ils ont fait cela, et Il leur répond que chaque fois qu'ils ont fait cela pour un des faibles de Son royaume, ils l'ont fait pour Lui. Quant aux autres, ceux qui n'ont rien fait, ils sont condamnés. Dans le christianisme, l'attitude face à la pauvreté et au pauvre est – essentiellement – une attitude de véritable engagement. Et j'ajouterais : cet engagement doit être physique. Il ne suffit pas qu'il soit médiatisé par des institutions : même si c'est très utile, cela ne vous exonère pas du besoin d'établir le contact avec les pauvres. Il faut soigner le malade – même lorsqu'il suscite rejet et dégoût –, il faut rendre visite aux détenus en prison... Cela m'est très pénible d'aller en prison, en raison des choses très dures qu'on y voit. Mais je le fais, car le Seigneur veut que je sois engagé corporellement auprès de ceux qui sont dans le besoin, des pauvres, de ceux qui souffrent. La première des attentions, c'est de porter assistance : «Tu as faim ? Tiens, voici quelque chose à manger.» Mais l'aide ne peut se limiter à cela, il faut ouvrir des voies de promotion et d'intégration sociales. Le pauvre ne peut demeurer un marginal. Nous ne pouvons pas accepter le discours : «Que ceux qui vivent bien donnent quelque chose à ceux qui vivent mal, mais que chacun reste à sa place.» Ce n'est pas digne d'un chrétien. Il faut incorporer le pauvre dès le plus jeune âge dans la communauté, avec des écoles professionnelles, pour lui permettre de s'en sortir. C'est la conception qui prédomine depuis la fin du XIXe siècle, lorsque Don Bosco a créé des écoles pour ces enfants indigents qu'il recueillait dans son oratoire. Don Bosco estimait qu'il ne servirait à rien de les envoyer au lycée, cela ne leur serait pas utile, et c'est pour cela qu'il a créé ses «écoles d'arts et métiers». Les prêtres des bidonvilles de Buenos Aires font quelque chose du même ordre. Après une ou deux années d'apprentissage, les enfants ont acquis une formation qui transforme leur existence : ils deviennent électriciens, cuisiniers, couturières... Il faut les aider à gagner leur vie. Ce qui rabaisse le pauvre, c'est la privation de travail, cette huile dont l'onction lui donne sa dignité. Il ne faut pas craindre le pauvre, il faut le regarder droit dans les yeux. C'est parfois déplaisant, mais nous devons assumer ce monde dans lequel nous vivons. Le grand danger – ou la grande tentation – du secours porté aux pauvres, c'est le paternalisme protecteur, qui en dernière instance les empêche de progresser. L'obligation du chrétien, c'est d'intégrer le plus nécessiteux dans la communauté, par tous les moyens.

AS : Après vous avoir écouté, j'ai envie d'insister sur un point important : l'idée d'intégration fait écho au message de la Torah. Tous doivent être inclus. Nous aussi, nous créons des écoles pour aider les gens. C'est en Russie que sont nées les écoles ORT[1], qui au départ étaient des écoles professionnelles.

1. L'Organisation Reconstruction Travail (ORT) est le nom donné à une œuvre philanthropique lancée en 1880 à Saint-Pétersbourg «pour le travail manuel, artisanal et agricole» des déshérités de confession juive. (*N.d.T.*)

Aujourd'hui les choses ont changé, mais à l'époque de leur création, elles étaient destinées aux plus modestes. Les écoles ORT sont peut-être aujourd'hui davantage destinées à la classe moyenne, mais le message reste le même : le travail donne de la dignité, l'apprentissage d'un métier permet d'affronter la vie.

JB : La charité chrétienne, c'est l'amour de Dieu et de son prochain. Cela peut commencer par de l'assistance, mais on ne saurait se limiter à organiser des après-midi thé et bingo. Certains événements charitables sont en fait des occasions sociales. On fait cela pour se sentir bien alors que l'amour suppose un véritable don de soi. L'amour du prochain ne vous laisse d'autre choix que de vous mettre à son service. Il existe des caricatures de charité, je vous ai raconté l'anecdote de la Rolex en or ?

AS : Je ne pense pas.

JB : Un jour – j'étais déjà évêque – on m'a invité à participer à un dîner de bienfaisance organisé par Caritas[1]. Autour des tables était réunie la crème de la crème, comme on dit. J'ai choisi de décliner l'invitation. Ce jour-là, parmi les invités, se trouvait le président de l'époque. Une vente aux enchères se déroulait au cours du dîner et cette fois-là, après les hors-d'œuvre, une Rolex en or a été offerte à la vente. C'était scandaleux, une honte, un détournement complet de l'idée même de charité. Par cet acte de pure vanité, quelqu'un aurait l'occasion de s'offrir un sem-

1. Organisation catholique à but caritatif présente dans de très nombreux pays. (*N.d.T.*)

blant de charité. Heureusement, de telles pratiques n'ont plus cours chez Caritas aujourd'hui. L'organisation accompagne de manière très suivie l'assistance aux écoles, elle dispose de foyers pour mères seules et pour personnes sans domicile fixe, elle a une boulangerie où l'on vend aussi de l'artisanat fabriqué par les enfants dans les écoles professionnelles. Le déshérité devient l'artisan de son propre avancement. Parfois, au nom de la charité, on effectue des actions qui ne sont qu'une caricature de ce que doit être la vraie charité. Il n'y a pas de charité sans amour, et si l'acte d'aider son prochain est prétexte à vanité, il n'y a pas d'amour, il y a un simulacre d'amour.

AS : Pour moi, la charité, c'est l'aide qu'il faut impérativement apporter, de manière immédiate, au déshérité. Mais dans le texte biblique un autre concept fait référence à l'aide aux déshérités : la *tsedakkah*. Les rabbins l'interprètent comme l'impôt que l'on doit payer pour aider les gens moins fortunés. Ce mot a la même racine que *tsedek*, qui veut dire « justice ». Il semble impliquer l'idée que toute société qui laisse des gens dans le besoin est intrinsèquement injuste. Moyennant la *tsedakkah*, il s'agit de corriger – en partie – ce défaut. L'autre concept que l'on trouve dans la littérature talmudique est celui de *guemilut hassadim*, que l'on peut traduire par « proférer la pitié ». Cela fait référence à l'aide que l'on accorde à son prochain, que ce soit par de l'argent ou par des actes, qu'il s'agisse d'un nanti ou d'un déshérité, d'un vivant ou d'un mort (lorsqu'il s'agit de donner une sépulture à ce dernier). Tout acte de *tsedakkah* doit s'accompagner de compassion. Je pense que la charité chrétienne fusionne ces deux concepts.

JB : Le concept de *guemilut hassadim* me fait penser à la parabole du bon Samaritain, lorsque Jésus demande qui s'est conduit comme le prochain de l'homme et qu'on lui répond : « Celui qui a eu de la compassion pour lui, celui qui a été ému. » L'autre concept auquel vous faites allusion, celui qui est lié à la notion de justice, a été élaboré dans le christianisme par la Doctrine sociale de l'Église. Il a fallu beaucoup de temps pour intégrer ce concept de justice sociale, mais aujourd'hui il est admis par tous. Lorsqu'on prend le manuel de doctrine sociale de l'Église, on est impressionné par ce qu'il dénonce. Par exemple, il condamne le libéralisme économique. Tout le monde sait que l'Église est opposée au communisme, mais on dit moins qu'elle est tout aussi opposée au libéralisme économique sauvage qui caractérise notre époque, qui n'est pas chrétien et donc inacceptable. Nous devons viser l'égalité des chances et des droits, des avantages sociaux, une retraite digne, des vacances, des moments de repos, la liberté syndicale. Ces questions relèvent de la plus simple justice sociale. Il ne doit pas y avoir de déshérités et rien n'est pire – j'insiste sur ce point – que le fait de ne pas pouvoir gagner sa vie, de ne pas avoir un travail digne de ce nom. Une histoire permet de clarifier les idées de l'Église sur ce sujet : pendant l'une des nombreuses persécutions, Laurent, le diacre de Rome, s'est vu imposer par l'empereur de livrer les trésors de l'Église. Quelques jours plus tard, il s'est présenté devant l'empereur entouré de pauvres et a dit : « Voici les trésors de l'Église. » C'est une image forte, et chaque fois que nous nous éloignons d'elle – qu'il s'agisse de l'institution au niveau le plus général ou d'une petite communauté –, nous renions notre identité. Nous glorifions la faiblesse de notre peuple, que nous aidons à aller de l'avant. Les pauvres sont le trésor de l'Église et il faut en prendre soin : sans cette vision, notre Église sera tiède, médiocre, faible. Notre véritable pouvoir réside dans le service. Notre esprit ne peut adorer Dieu s'il ne fait pas une place aux nécessiteux. Je pense que c'est quelque chose que nous partageons.

AS : Tout à fait. Lorsqu'un Juif apportait ses premiers fruits au temple de Jérusalem, c'était pour remercier Dieu de les lui avoir donnés. Comme dit le Deutéronome, au chapitre 26, il fallait alors prononcer les paroles suivantes : « Mon père était un Araméen égaré et il a dû descendre en Égypte car il avait faim. » Ces paroles visent à rappeler ce qu'est la pauvreté. Aujourd'hui encore, chrétiens et Juifs ont en commun ce travail envers les pauvres. Il existe une coopération profonde entre nous dans les bidonvilles. Les rabbins sont très pris par leurs tâches dans leurs communautés, mais ils consacrent une partie de leur temps à aider les pauvres qui viennent frapper à leur porte. Nous ne sommes sans doute pas assez nombreux, et notre organisation n'est pas assez puissante pour aller vers ceux qui ont besoin de nous ou être plus présente dans les bidonvilles. Lorsqu'un rabbin travaille dans un bidonville, il ne s'agit pas d'une action exclusivement destinée aux Juifs. Il n'y a pas de prosélytisme, seulement une manière concrète de porter secours à son prochain. Nous ne sommes pas nombreux, et nous n'avons tout simplement pas les effectifs qui nous permettraient d'en faire plus. C'est une question démographique qui a une grande importance. C'est une chose pour un prêtre de construire une église, car quatre-vingt-dix pour cent des habitants des bidonvilles sont chrétiens ; c'en est une autre pour un rabbin d'édifier une synagogue lorsque notre présence est loin d'être massive.

JB : En termes historiques, les prêtres des bidonvilles sont un phénomène assez récent en Argentine. Cela a commencé il y a une quarantaine d'années, et il a fallu du temps pour l'imposer parce que, dans la structure hiérarchisée de l'Église, c'était une nouveauté. Il est vrai qu'il a aussi fallu séparer le religieux et le politique, parce qu'on les confondait parfois et cela suscitait de la méfiance. Les prêtres qui effectuaient ce travail ont réussi, grâce à la piété populaire, à susciter un rapprochement et une meilleure compréhension de la part de la hiérarchie. Aujourd'hui, en tout cas, on reproche à l'archevêque de Buenos Aires de préférer les prêtres des bidonvilles ! Ce n'est pas un phénomène nouveau : dans le nord de l'Italie, dans le royaume de Sardaigne, don Bosco travaillait avec les pauvres et il suscitait aussi la méfiance des évêques. Quant à Don Cafasso et Don Orione, n'en parlons même pas. Ces hommes étaient à l'avant-garde du travail auprès des pauvres. Ils ont obligé les autorités à changer leur attitude. Ici, les prêtres des bidonvilles ont aussi imposé un changement dans les mentalités et dans le comportement des autorités ecclésiastiques.

24

À propos de la Shoah

ABRAHAM SKORKA : La question de la Shoah[1] est importante. Une interrogation revient constamment – où était Dieu pendant la Shoah ? –, et il convient de la formuler avec prudence. Parce que nous affirmons volontiers que nous disposons du libre arbitre, mais lorsque cela nous arrange nous demandons au Seigneur pourquoi il ne fait rien. Où était Dieu pendant la Shoah ? Je crois que certaines questions n'ont pas de réponse. Il y a des choses que nous ne pouvons pas comprendre, en aucune manière. Et puis, avant de demander à Dieu où il était, ne faut-il pas commencer par poser la question aux hommes, tant à ceux qui ont agi activement qu'à ceux qui, mesquinement, sans miséricorde aucune, ont agi par omission ? Ceux qui ont commis le crime, et ceux qui ont détourné la tête ? La Shoah n'est pas un coup de folie, lié à des circonstances particulières, mais un plan sophistiqué, élaboré au sein même de la culture

1. Mot hébreu qui signifie « catastrophe ».

européenne pour exterminer des gens, simplement parce qu'ils étaient juifs.

JORGE BERGOGLIO : J'ai déjà entendu de tels reproches adressés à Dieu. Je devais avoir douze ou treize ans, nous étions à un mariage et la mère d'un des fiancés est morte d'un infarctus juste avant la cérémonie, peut-être sous le coup de l'émotion. En arrivant, nous sommes tombés sur son beau-frère, qui se lamentait : « Et on prétend que Dieu existe ! ». Au cours de l'Histoire, les chrétiens aussi ont été persécutés. Et je suis d'accord pour dire que certaines questions n'ont pas de réponse. Nous aimerions une explication rassurante, comme ces petits enfants qui demandent tout le temps « pourquoi ? ». Ils écoutent à peine la réponse parce qu'ils sont déjà en train de poser une autre question. Ce qu'ils veulent, c'est qu'on s'occupe d'eux. Quant à l'autre question que vous avez mentionnée – où étaient les hommes ? –, c'est le plus grand déni de solidarité humaine qu'on ait connu. Les Alliés s'en sont lavé les mains, ils ont regardé de l'autre côté parce qu'ils en savaient bien plus qu'ils ne voulaient le reconnaître, tout comme les grandes puissances s'étaient lavé les mains du génocide des Arméniens. À ce moment-là, l'Empire ottoman était puissant, le monde était en pleine guerre et regardait ailleurs. La Shoah occupe une place à part dans les génocides du XXe siècle. Je ne voudrais pas dire qu'il est plus important que les autres, mais il existe une singularité de la machine de guerre contre le peuple juif : la race, les surhommes, voilà les idoles sur lesquelles le nazisme a pris appui. Il n'y a pas de géopolitique là-dedans, c'est purement religieux et culturel. Chaque Juif assassiné était un camouflet à la face du Dieu vivant, au nom de ces idoles. J'ai lu il y a peu – j'ai eu beaucoup de mal, tant j'étais révulsé – un livre préfacé par Primo Levi : *Le commandant d'Auschwitz parle*, de Rudolf Höss, qui avait été commandant du camp et écrit ce texte dans sa cellule, dans l'attente d'être jugé. La froideur avec laquelle cet homme décrit ce qui s'est passé là-bas suffit à démontrer l'aspect démoniaque de l'affaire. Le Démon se présente sous la forme d'idoles qui endorment la conscience humaine.

AS : Vous touchez là un point sensible, peut-être le cœur même de la Shoah. Il y a peu, l'archevêque de Cracovie a fait une déclaration dans laquelle il prétendait que les Juifs s'étaient approprié la Shoah et négligeaient les autres peuples qui avaient été victimes des nazis. Il y a des gens pour qui les Juifs, avec leurs six millions de morts, ne représentent qu'une partie minime des cinquante millions de victimes de la Seconde Guerre mondiale. Mais le fait est que les Juifs ne sont pas morts pour des raisons politiques, ils ne faisaient partie d'aucune armée. La Shoah, c'est l'extermination d'un peuple en raison de ce qui le constitue, de sa culture, de sa foi. Peut-être les assassins voulaient-ils défier le Dieu d'Israël. Peut-être est-ce pour cette raison que l'on nomme parfois cette extermination « Holocauste », ce qui signifie « sacrifice par le feu ». Celui qui a trouvé ce nom considérait peut-être que ce crime représentait le sacrifice du peuple d'Israël sur l'autel des divinités païennes du nazisme. En hébreu, on l'appelle « shoah », terme qui signifie « catastrophe », car cela dit on ne peut plus clairement de quoi on parle. Ce fut une catastrophe, l'extermination programmée d'êtres humains par d'autres êtres humains. En Pologne, la guerre a fait de très nombreuses victimes, mais ce n'est pas la même chose que la Shoah. Des Polonais, des Lettons, des Ukrainiens ont donné le pire d'eux-mêmes en participant à l'entreprise de destruction du peuple juif. Les nazis se sont efforcés d'effacer la conception judéo-chrétienne de la vie. Un tableau de Chagall montre un Jésus crucifié recouvert d'un *talit*[1]. Au pied de la croix, il y a une menorah et tout autour des scènes de violence, des synagogues brûlées, des vieillards juifs qui essayent de sauver les rouleaux de la Torah, des femmes et des enfants terrorisés qui s'enfuient en courant. Je dis toujours que dans les camps on n'a pas simplement assassiné six millions de Juifs : on a aussi tué Jésus, six millions de fois. Car une partie importante des conceptions et du message de Jésus ont leur origine dans le judaïsme, qui véhiculait le message des Prophètes.

JB : C'est une notion très chrétienne : Jésus se trouve dans chaque personne qui souffre. Par notre souffrance, nous complétons la passion du Christ.

AS : C'est aussi une notion talmudique. Le traité du Sanhédrin, lorsqu'il analyse la question de la peine de mort, dit que même lorsqu'on punit de mort le trans-

1. Châle de prière juif.

gresseur, Dieu souffre pour lui[1]. Au moment du châtiment, Dieu est à ses côtés. Je suis profondément d'accord avec vous.

JB : Le livre que je viens de mentionner décrit des choses épouvantables. On arrachait les dents en or des victimes, on récupérait leurs cheveux, et on chargeait d'autres Juifs de ces tâches. On les forçait à l'apostasie, comme si on avait voulu faire rejaillir la faute sur eux. C'était un détail satanique : les Juifs eux-mêmes étaient coupables, pas les nazis. Je suis impressionné par la haine et la perversion de tout cela.

AS : Et que pensez-vous de la conduite de l'Église à cette époque ?

JB : Il y a quelques années, le cardinal Clemens August von Galen a été béatifié pour s'être opposé aux nazis. Je ne sais pas comment il a fait pour sauver sa propre vie, c'était un évêque très courageux qui, dès le début, avait dénoncé les agissements des nazis. Pie XII parlait parfaitement l'allemand et il a écrit une encyclique dans cette langue, toujours d'actualité. Elle commence par ces mots : « Mit brennender Sorge », « Avec une brûlante inquiétude ». Peut-être, au début, certains évêques ont-ils fait preuve de naïveté, pensant que la situation n'était pas si grave. La même chose s'est passée dans notre pays, certains ont tout de suite pris la parole, d'autres plus tard, ils n'avaient pas une perception claire de la situation.

1. Mishna Sanhédrin 6:5.

Dès que ce qui se passait est devenu manifeste, le Vatican a commencé à distribuer des passeports aux Juifs. À la mort de Pie XII, Golda Meir a écrit une lettre dans laquelle elle reconnaissait qu'il avait sauvé beaucoup de Juifs. À Rome, la Nonciature occupe une maison avec un parc, don d'un riche juif pour remercier l'Église de ses actions. Certains survivants ont eux-mêmes remercié Pie XII. Le Vatican possède des propriétés hors ses murs, dans lesquelles beaucoup de Juifs ont trouvé refuge. Je parle ici des faits positifs. Mais du côté des critiques, j'entends dire que l'Église n'a pas pris la parole comme elle aurait dû le faire. Selon certains, si elle l'avait fait, les conséquences auraient été funestes et elle n'aurait pu sauver personne. De ce point de vue, il fallait mesurer ses interventions pour sauver le plus de Juifs possible. Aurions-nous pu en faire plus ? Il y a peu, des historiens réputés, dont un jésuite, si je ne me trompe, ont fait paraître une étude poussée de la question, laquelle témoignait de l'action de l'Église.

AS : Vous posez la bonne question : ne pouvait-on pas en faire davantage? En ce qui concerne von Galen, l'évêque allemand de Münster, il y a une anecdote intéressante. Ma communauté a été fondée par Fritz Steinthal, un rabbin allemand qui avait survécu à la Nuit de Cristal, le 9 novembre 1938, au cours de laquelle ont été détruites la plupart des synagogues et des magasins juifs d'Allemagne. Dans ses Mémoires, ce rabbin témoigne de sa reconnaissance pour ce von Galen et d'autres prêtres chrétiens qui au péril de leur vie ont sauvé des Juifs. Pour ce qui est de l'action de

Pie XII pendant la Shoah, il est très difficile d'émettre un avis définitif. Certains éléments pointent dans un sens, certains dans l'autre. Il y a bien la lettre de Golda Meir dont vous avez fait état, mais des ouvrages soutiennent qu'il n'a pas réagi comme il aurait dû. Le Congrès juif mondial a demandé l'ouverture des archives du Vatican pour cette période. Il me semble que ce serait une bonne chose de creuser cette question, de déterminer si des erreurs ont été commises, et pourquoi. L'autocritique, quand elle s'avère nécessaire, permet de progresser. Je ne comprends pas les raisons théologiques du procès en canonisation de Pie XII, dont je ne conteste pas qu'il ait été un chef important de l'Église. Mon grand doute existentiel, d'un point de vue religieux, est : comment a-t-il pu se taire dès lors qu'il savait ? Pourquoi n'a-t-il pas manifesté sa colère ? Le prophète, devant le moindre drame, donne de la voix. Que se serait-il passé si Pie XII avait agi ainsi ? Les consciences se seraient-elles éveillées ? Certains soldats allemands auraient-ils refusé d'obéir ? Je ne prétends pas connaître la réponse, j'essaye de me mettre à la place de ceux qui ont souffert, de ceux qui n'ont plus de voix, comme si je parlais avec eux, avec leur douleur. Peut-on choisir de sauver certains et d'en abandonner d'autres ? Selon la loi juive, lorsqu'une armée ennemie fait le siège d'une cité et exige la vie d'un innocent en échange de celle de tous les autres, la population doit se laisser exterminer dans sa totalité. On n'a pas le droit de choisir qui est sauvé et qui ne l'est pas.

JB : Ce que vous avez dit sur l'ouverture des archives me paraît très bien. Qu'on ouvre les archives et que tout soit tiré au clair. On verra alors ce qu'il en est, et si erreurs il y a eu, nous devrons les reconnaître. Il ne faut pas avoir peur. La vérité passe avant tout. Lorsqu'on commence à occulter la vérité, on défait le message de la Bible. On croit en Dieu, mais du bout des lèvres. On ne se donne pas vraiment. Nous ne devons jamais oublier que nous sommes des pécheurs, nous ne pouvons cesser de l'être, et Dieu, dans sa grande miséricorde, nous aime tels que nous sommes. Mais si je ne reconnais pas avoir péché, je ne pourrai bénéficier de sa miséricorde. Il faut connaître la vérité, il faut aller aux archives.

AS : Un autre aspect conflictuel de la relation entre le Vatican et le judaïsme a été la décision prise par Benoît XVI de permettre à certaines communautés de prier à nouveau « pour la conversion des Juifs ».

JB : La prière originale disait : « Prions pour les Juifs perfides », mais n'oublions pas qu'en latin « perfide » veut dire « qui n'a pas de foi ». Jean XXIII l'a supprimée d'un trait de plume.

AS : Jean XXIII est le pape qui a ouvert la voie au dialogue. Quand il était nonce en Turquie, pendant la guerre, il avait sauvé de très nombreux Juifs en délivrant de faux certificats de baptême. Lorsqu'il a été élu pape, il a imposé des changements profonds. C'était un vrai pasteur. Jean XXIII est celui qui a fait, il a œuvré, il a parlé, il a donné, il s'est donné. La grande question avec Pie XII reste : s'est-il vraiment donné, tant pour les Juifs que pour le monde ? Poussant les choses un peu plus loin, je me demanderais même s'il s'est vraiment donné pour l'Église. Il y a des moments où l'action est un impératif. Si on ne fait rien à ce moment là, quand le fera-t-on ? Voilà les questions qui me taraudent.

JB : J'ai lu quelque part que Jean XXIII avait délivré des certificats de baptême, mais je n'en ai jamais vu les preuves.

AS : Si, si, la fondation Raoul Wallenberg a les preuves, tout a été établi. Cette fondation a parmi ses missions de recenser les actes courageux de diplomates et d'autres personnes qui ont sauvé des Juifs au risque de leur vie. Une des choses qui permet peut-être de comprendre les différences entre ces deux papes, c'est leur éducation. Pie XII a été éduqué dans un contexte vaticaniste, sa famille était très liée au Saint-Siège. Il faisait partie d'une élite qui croyait que la diplomatie permettait de résoudre tous les problèmes. Et si un problème résistait à la diplomatie, c'est qu'il était insoluble. Roncalli, Jean XXIII, était d'origine très modeste, il venait d'un petit village, où tout le monde pensait qu'il fallait s'entraider, tout de suite, sans se poser de questions. Le contraire de la diplomatie. La différence entre ces deux hommes réside peut-être là.

JB : J'insiste, il faut voir ce que disent les archives. S'il y a eu une erreur d'appréciation, il faut étudier ce qui s'est passé. Je ne dispose pas, pour ma part, d'éléments concrets. Pour le moment, je trouve les éléments à décharge convaincants, mais je reconnais que toutes les archives n'ont pas été étudiées. Pour le reste, vous avez raison : Jean XXIII est resté un paysan jusqu'au dernier instant : alors qu'il agonisait, sa sœur lui posait sur le front des compresses trempées dans du vinaigre, comme on faisait dans sa campagne.

AS : Pie XII n'était pas très favorable au dialogue judéo-chrétien. Il le voyait même d'un mauvais œil. Après la Seconde Guerre mondiale, certains secteurs de l'Église ont poussé pour une évolution sur ce point. Lorsque Jean XXIII est devenu pape, les choses ont changé. On m'a dit que lorsqu'il a reçu une délégation du Congrès juif mondial, il a ouvert les bras en grand et s'est exclamé : « Je suis votre frère Joseph ! », la phrase que Joseph a prononcée quand il s'est révélé à ses frères. C'était une grande première. Jusque-là une certaine animosité régnait à notre égard. De nombreux ouvrages ont expliqué comment, au cours des siècles, un fort sentiment antisémite s'est développé dans certaines composantes du christianisme. Certains prêtres prêchaient contre nous et d'autres recherchaient un dialogue sincère, fait de respect mutuel. Il y a aussi eu des moments au cours de l'Histoire où des personnes vénérant des crucifix se portaient à la tête de *pogroms*. Dans les années 1920 et 1930, en Argentine, certaines revues prétendument catholiques prêchaient la haine des Juifs. Mais je pense que nous sommes d'accord pour dire que le but de ce livre, c'est de briser le cercle vicieux, de revenir aux origines, de comprendre notre lien de parenté. Vous,

vous croyez que Dieu s'est incarné en Jésus et nous, nous disons que ce n'est pas possible parce qu'aucun homme ne peut être l'incarnation de Dieu. Mais pourquoi ce désaccord devrait-il conduire à la haine et au ressentiment ? Un jour nous finirons peut-être par savoir qui a raison, mais en attendant nous pouvons et devons travailler ensemble. Un fond éthique commun nous réunit sur beaucoup de points. Il existe des corrélations évidentes entre ce que disent les Évangiles et les positions des sages du Talmud. Une bonne partie de l'ancien antisémitisme résultait de manipulations conjoncturelles, politiques. En Russie, le tsar Alexandre II a été assassiné, et les Juifs en ont été rendus responsables. On se servait de l'Église à des fins politiques, pour manipuler les foules. Cela a été clairement démontré. Ce qu'il faut, c'est reprendre les choses du début. Nous voulons tous les deux la même chose, un monde de paix, et chacun de nous doit prendre ce que sa tradition comporte de meilleur et avancer dans la même direction que l'autre. Nous pouvons nous enrichir mutuellement. La célèbre leçon inaugurale de Abraham Jehuda Heschel[1] devant l'Union Theological Seminary, une institution luthérienne de New York, s'intitulait : « Aucune religion n'est une île. » Nous ne pouvons pas rester isolés, séparés, comme avant la Seconde Guerre mondiale. Le message est général, destiné à tous, le but n'est pas de changer l'identité de l'autre mais de nous rapprocher.

1. Rabbin américain considéré comme l'un des grands théologiens et philosophes juifs du XXe siècle. (*N.d.T.*)

JB : Une phrase du concile Vatican II me paraît fondamentale. Elle dit que Dieu se manifeste à tous les hommes et sauve en premier le peuple dépositaire des promesses. Et Dieu est fidèle à ses promesses. L'Église reconnaît officiellement que le peuple d'Israël continue d'être le dépositaire des promesses. À aucun moment nous ne disons : « Ils ont perdu la partie, à nous de jouer. » C'est une reconnaissance du peuple d'Israël. Sur ce thème, c'est ce que Vatican II a fait de plus courageux. En outre, on ne peut pas accuser le peuple juif de déicide, comme on l'a trop longtemps fait. Lorsqu'on lit le récit de la Passion, les choses sont parfaitement claires. C'est comme si on accusait le peuple argentin dans son ensemble d'être responsable des actes d'un certain gouvernement.

AS : En fait, à cette époque, le gouvernement n'était pas aux mains des Juifs, ceux qui géraient les affaires politiques, c'étaient Ponce Pilate et les Romains. Sur la croix était écrit INRI[1]. Roi des Juifs, cela menaçait l'autorité des Romains. La crucifixion, par ailleurs, n'était pas la manière dont les Juifs appliquaient la peine de mort, laquelle, d'ailleurs, n'était presque plus appliquée par le Sanhédrin[2]. Quand bien même le Sanhédrin aurait-il imposé la mort, celle-ci n'aurait jamais été exécutée pendant la Pâque. Et à supposer qu'une figure juive ait bien été présentée pour affirmer qu'il n'était pas le fils de Dieu, comment peut-on

1. *Iesus Nazarenus Rex Iudaeorum*, Jésus le Nazaréen, roi des Juifs.
2. C'est le nom qu'on donnait, dans l'ancien Israël, à l'assemblée ou conseil des sages, comptant vingt-trois membres, de chaque ville juive. Le Grand Sanhédrin était une assemblée ou cour suprême de 71 membres.

en faire porter la responsabilité, durant des générations et des générations, à ses descendants ?

JB : En effet, on ne peut pas parler d'un peuple déicide. Mais je voudrais revenir sur quelque chose que nous avons évoqué en passant. Vous avez dit qu'en Argentine il y avait aussi – et il y a encore – un antisémitisme clérical. Je n'ai pas connu l'expérience vécue par Jean-Paul II, dont la moitié des camarades de classe étaient juifs, mais j'ai depuis toujours des amis juifs. Je n'ai jamais eu le moindre problème avec aucun d'entre eux. Il y a bien eu des catholiques antisémites – et il y en aura toujours. Ils n'ont plus la virulence des années 1930, lorsque des ecclésiastiques s'inscrivaient dans ce courant. Aujourd'hui, la politique de l'Église argentine est claire : c'est celle du dialogue interreligieux. Les initiateurs en ont été les cardinaux Jorge Mejía et Antonio Quarracino.

AS : Mejía a beaucoup travaillé avec Marshall Meyer. Ensemble ils ont créé l'Institut supérieur d'études religieuses[1]. À côté de la tombe de Quarracino, dans la cathédrale de Buenos Aires, il y une œuvre murale faite des fragments de livres de prières retrouvés dans différents camps d'extermina-

1. L'Institut supérieur d'études religieuses est un lieu où se retrouvent des religieux catholiques, protestants et juifs. Fondé en 1967, il vise à développer l'entente et la compréhension mutuelle mais aussi à analyser la réalité nationale d'un point de vue théologique. Parmi les premiers participants figuraient les pasteurs José Migues Bonino, Ricardo Petrantonio, Peter Clarke et Ricardo Couch. En faisaient aussi partie les professeurs du séminaire catholique de Villa Devoto, José Barrientos et Jorge Mejía, qui deviendrait cardinal trente ans plus tard, et jouerait un rôle important au Vatican. Marshall Meyer était à l'origine de cette initiative.

tion ainsi que d'autres documents se rapportant à la Shoah. C'est lui qui l'avait demandé.

JB : Certains groupes ont voulu faire pression sur moi pour qu'on relègue cette œuvre dans le musée de la Cathédrale. J'ai refusé.

25

À propos des années 1970 et de la dictature militaire

ABRAHAM SKORKA : La question qui se pose à propos de la période du « Processus de réorganisation nationale[1] », c'est celle de l'attitude de la structure politique de la communauté juive argentine, plus particulièrement de la DAIA (Délégation d'associations israélites argentines[2]). C'est à cette époque que le mouvement conservateur, grâce à la figure de Marshall Meyer, qui a pris la défense des disparus, s'est mis à acquérir une certaine importance. Marshall lui-même disait que son combat avait été un combat solitaire. Il s'est impliqué sans compter, raison pour laquelle, lorsque Raúl Alfonsín a été élu président, il l'a nommé à la Conadep[3]. Marshall nous racontait qu'après des heures passées à entendre des témoi-

1. Le « Processus de réorganisation nationale » est le nom que s'est donné à lui-même en Argentine le régime issu du coup d'État militaire du 24 mars 1976. (*N.d.T.*)

2. La DAIA est un peu l'équivalent argentin du CRIF français. (*N.d.T.*)

3. CONADEP : Commission nationale sur la disparition de personnes. Organisme créé par le président Raúl Alfonsín pour enquêter sur les violations de droits de l'homme pendant la dictature militaire. Son rapport final est connu sous le titre « Nunca más » (Plus jamais).

gnages, il rentrait chez lui malade de tant d'horreur. Je me souviens qu'un groupe de rabbins disciples de Marshall Meyer, dont j'étais, souhaitait publier une tribune en faveur de la libération de Jacobo Timermann[1]. La DAIA s'y était opposée et la tribune n'a pas été publiée. C'est difficile de juger l'attitude des instances dirigeantes. Comme vous l'avez dit, il faut analyser et juger chaque fait par rapport à une situation concrète, celle que l'on vivait à ce moment, en tenant compte de tous les éléments qui la caractérisaient. C'est difficile d'accuser quelqu'un d'avoir manqué de courage, de ne pas avoir su s'engager quand il le fallait. Mais, dans des circonstances comme celles du gouvernement militaire, si quelqu'un occupe un poste de responsabilité dans la communauté mais choisit de se taire tout en s'accrochant à son poste, une analyse critique est nécessaire. Il y a des moments où il faut savoir faire preuve de courage ou démissionner. Un des fils de Nehemias Resnizky, qui était à l'époque le président de la DAIA, avait été enlevé, et on a dit qu'il existait un accord avec les autorités militaires en échange de sa libération. Ceux qui s'intéressent à la question devront démêler bien des choses pour décider si la DAIA a fait ce qu'il fallait ou pas. Je ne veux pas en préjuger, mais je dis que des gens qui à l'époque disposaient des mêmes informations ont agi d'une tout autre manière. L'attitude de Marshall Meyer a été radicalement différente. Il a été exemplaire. Il n'était

1. Directeur du journal *La Opinión*, il avait été enlevé par les militaires, torturé, puis relâché et expulsé du pays.

pas argentin (c'était un citoyen américain) mais il a fait résonner la clameur des prophètes dans notre communauté. On peut le constater dans ses discours et ses prêches au nom des droits de l'homme. Ce fut un moment magistral. La porte de Marshall Meyer était ouverte à tous ; il a effectué – nous avons effectué, car nous partagions ses positions – un vrai travail de dénonciation. Tous ceux qui l'ont approché pendant ces sombres années se sont retrouvés impliqués d'une manière ou d'une autre, c'était difficile de faire autrement. Il a désigné un de ses disciples, Felipe Yafe, pour participer à la Conadep de Córdoba[1]. Dans les derniers temps de la dictature, j'animais une émission religieuse à la télévision – «Dieu est mon refuge» – et j'y ai souvent parlé de l'importance de la démocratie et d'autres idées qui ne collaient pas bien avec l'idéologie du régime. Aujourd'hui, certains prennent la défense des dirigeants de la DAIA de l'époque, mais il y a certaines vérités incontestables, comme les trop nombreuses familles de disparus qui lui reprochent son inaction alors qu'il était parfaitement possible de faire beaucoup de choses – Meyer l'a amplement démontré. Ses réussites ne faisaient que souligner les défaillances des dirigeants.

JORGE BERGOGLIO : Dans le cas de l'Église, la situation est plus complexe en raison de la relation historique qu'elle entretient avec l'État. Dès le début, l'Église a préféré œuvrer en coulisse plutôt que sur le devant de la scène. Mais il y a eu des déclarations,

1. Deuxième ville du pays, où la répression a été particulièrement féroce. (*N.d.T.*)

comme celles de mai 1976, peu de temps après le coup d'État, qui sont reproduites dans le livre[1] publié à l'occasion du vingt-cinquième anniversaire de la parution du document «Église et communauté nationale», au chapitre sur les droits de l'homme[2]. Certains évêques ont tout de suite compris ce qui se passait, le cas le plus frappant étant Mgr Zazpe qui, lorsqu'il a appris que le maire de Santa Fe avait été arrêté et sauvagement torturé, est immédiatement intervenu. Parmi les autres qui ont très vite compris et se sont insurgés, on compte des hommes remarquables comme Hesayne, Jorge Novak ou Jaime de Nevares, sans oublier des pasteurs méthodistes comme Aldo Etchegoyen. Ces gens se sont démenés pour les droits de l'homme, en prenant la parole mais aussi en agissant concrètement. D'autres ont fait beaucoup, peut-être en parlant moins, et ont réussi à sauver beaucoup de personnes : ces prêtres se rendaient dans les casernes, ils affrontaient les commandants. À l'époque, j'avais 39 ans et j'étais responsable provincial des Jésuites depuis 1973. J'avais une vision très fragmentaire de ce qui se passait dans le pays – je n'étais pas du tout dans la position d'un évêque qui sait ce qui se passe dans sa juridiction. Le jour du coup d'État, j'étais en plein déménagement – je n'avais pas la moindre idée de ce qui se tramait, mais on sentait bien que quelque chose était dans l'air. La curie, alors au n° 300 de la rue Bogotá, devait s'installer dans de nouveaux locaux, au Colegio Máximo de San Miguel,

1. *Iglesia y democracia en la Argentina. Selección de documentos del episcopado argentino*, conferencia episcopal argentina, Buenos Aires, 2006.
2. P. 625-728.

et nous avions fixé le déménagement pour ce jour-là. Pendant que nous chargions des meubles, le pays essayait de comprendre la nouvelle donne. Nous avons même eu une visite de la police, qui se demandait ce qu'on faisait. Dans nos nouveaux locaux, nous avons porté secours à beaucoup de gens. Il y avait plus de deux cents bureaux et salles de réunion, la faculté de philosophie et de théologie y donnait des cours, et on organisait aussi des exercices spirituels. Des personnes se sont cachées là durant des jours. Ensuite, certains sont partis tenter leur chance et d'autres ont attendu qu'on vienne les chercher pour les aider à sortir du pays ou à trouver un endroit plus sûr. C'est là que j'ai pris la mesure de la situation. Qu'a fait l'Église à cette époque ? Elle a fait comme toute institution au sein de laquelle il y a des saints, des pécheurs et des personnes qui sont un peu les deux à la fois. Certains catholiques se sont trompés, d'autres ont lutté sans se poser de questions. Certains justifiaient ce qui se passait par la lutte contre le communisme. L'installation d'une guérilla dans la province de Tucumán, épisode qui avait conduit la présidente Isabel Perón à signer le fameux décret promettant l'extermination de la guérilla, avait déjà effrayé beaucoup de gens. Les attentats terroristes étaient aussi source de grande inquiétude. Et puis il y avait eu la mort de ces soldats conscrits lors d'une attaque dans la province de Formosa. À l'époque, certains disaient que ces gens ne méritaient pas de vivre. Les horreurs commises par la dictature militaire ont filtré peu à peu, et il s'agit à mes yeux d'une des pages les plus sombres de l'histoire de notre pays.

Mais cela ne justifie pas la rancœur : la haine n'est jamais une solution. Il ne faut pas non plus être naïf pour autant, ce sentiment est normal chez des gens qui ont perdu leurs enfants, la chair de leur chair, évaporée sans avoir même un endroit où les pleurer. Aujourd'hui encore ils ne savent pas ce qui leur est arrivé, combien de temps ils ont été torturés, comment ils ont été tués. Quand j'entends critiquer les mères de la place de Mai, la première chose que je dis c'est : mettez-vous à leur place. Elles méritent le respect, elles méritent d'être soutenues, ce qu'elles ont vécu est épouvantable. Pour résumer, au sein de l'Église, il y a eu des gens des deux côtés, des chrétiens morts dans la guérilla, des chrétiens qui ont aidé à sauver des gens et des chrétiens qui pensaient qu'ils étaient en train de sauver la patrie et se sont retrouvés du côté de la répression. Quant aux ecclésiastiques, il y a eu aussi différentes attitudes : la conférence épiscopale, elle, a choisi d'entreprendre des démarches discrètes, très nombreuses. Elle a aussi fait des déclarations publiques. Il faut absolument analyser de manière approfondie ce qui s'est passé durant cette période, j'en conviens. Mais il ne faut pas s'imaginer pour autant que tout n'a été que complicité, ce serait simpliste.

AS : En ce qui concerne la communauté juive, il me semble que la question à se poser est celle-ci : de quel pouvoir disposaient nos dirigeants à cette époque ? Les dirigeants de la DAIA avaient certes un pouvoir moral en tant que représentants de la communauté, mais au niveau national, de quel pouvoir disposaient-ils réellement ? À l'époque, je suis moi-même intervenu dans certains cas précis, j'ai cherché à savoir ce qui était arrivé à certaines personnes, et toutes les portes auxquelles j'ai frappé sont restées fermées. Mais j'étais jeune, je n'avais pas de contacts. Je répète ma question : ceux qui faisaient partie des instances dirigeantes, qui étaient aux commandes, se sont-ils conduits comme ils auraient dû le faire ? Et cela vaut pour tous ceux qui avaient une influence, un pouvoir en Argentine à l'époque, l'Église comme les autres. De quoi avaient-ils peur ? Pourquoi n'ont-ils pas secoué le cocotier ? À l'époque, beaucoup de gens pouvaient frapper à la porte des militaires pour leur faire valoir qu'il fallait combattre la guérilla par des voies légitimes, en organisant des procès. On ne pouvait pas faire disparaître les personnes, c'était épouvantable.

JB : C'est l'attitude qu'a adoptée l'Église chilienne pendant la dictature de Pinochet en créant le vicariat de la Solidarité. Elle s'est engagée sur cette voie avec beaucoup de détermination. Dans notre pays, il y a eu des déclarations et les démarches ont été discrètes, ce qui a ouvert la voie à toutes sortes de spéculations. J'ai dû moi-même me défendre dans un livre des accusations que l'on portait contre moi dans l'affaire concernant deux prêtres[1].

1. Mgr Bergoglio fait allusion à son livre de Mémoires, *El Jesuita*, dans lequel il se défend de toute responsabilité dans l'enlèvement par les militaires de deux jésuites, les pères Yorio et Jalics. (*N.d.T.*)

26

À propos de la conquête des Amériques, du socialisme et du péronisme

JORGE BERGOGLIO : Lorsqu'on évoque la participation de l'Église à la conquête espagnole, il faut tenir compte du fait que le continent américain n'était pas un ensemble de peuples vivant dans une harmonie originelle, mais que régnait la loi du plus fort. C'était déjà un monde en guerre. La réalité, c'est que certains peuples vivaient sous le joug d'autres peuples, plus forts, plus développés, comme dans l'empire inca. Toute interprétation historique doit être faite avec la grille de lecture de l'époque. Dès qu'on extrapole à partir d'une autre grille de lecture, on défigure l'histoire sans la comprendre. Si l'on n'étudie pas le contexte culturel, on aboutit à une lecture anachronique, déplacée. C'est un peu comme pour les croisades. Aujourd'hui, elles nous semblent incompréhensibles, mais, dans le contexte de l'époque, c'est autre chose, on s'entre-tuait, les chrétiens chassaient les Turcs des lieux saints de Jérusalem mais des chrétiens tuaient aussi d'autres chrétiens lors du sac de Constantinople. Y a-t-il la moindre justification théologique à cela ? C'est un grand péché, mais c'était la réalité de l'époque. C'est révélateur de la bestialité dont nous sommes parfois capables. Il y avait l'idée qu'on portait la foi, mêlée au péché du conquistador, et qu'elle s'imposait en coupant les têtes. On ne peut pas analyser l'histoire à partir d'une pureté éthique *a priori*. Avec ou sans la foi, l'histoire est ainsi faite, depuis toujours, aussi regrettable que ce soit et malgré la honte que nous pouvons éprouver. À cette époque, la foi et l'épée allaient de pair. L'analyse historique doit toujours tenir compte des normes de l'époque, avec leur grille d'interprétation. Il ne s'agit pas de justifier les faits mais de les comprendre. Par exemple, envisager depuis notre point de vue actuel le sacrifice d'Isaac par Abraham, son père, serait parfaitement incompréhensible. Il faut le replacer dans les conceptions et les pratiques de son temps. Un autre point important est qu'il convient d'analyser la totalité des processus historiques et de ne pas nous en tenir à l'interprétation d'un fragment, parce que ensuite ce fragment se trouvera universalisé, il prendra la place de la totalité et deviendra légende. Les excès des Espagnols sont indiscutables – attirés par l'or, ils sont venus pour s'enrichir –, mais il y a aussi eu des hommes d'Église qui se sont consacrés à la prédication, à l'aide, comme Fray Bartolomé de Las Casas, le défenseur des Indiens. Dans leur grande majorité, c'étaient des hommes paisibles, proches des indigènes, qui s'efforçaient de les traiter dignement. Ils ont été confrontés à des mœurs différentes, comme la polygamie, les sacrifices humains, l'alcoolisme. Le maté a été inventé par les jésuites pour faire passer les

Indiens d'une addiction – l'alcool, la *chicha*[1] – à une autre, qui n'aurait pas de conséquences néfastes tout en les stimulant. Beaucoup d'hommes d'Église se sont vraiment investis dans le progrès des Indiens car ils refusaient de se compromettre avec le pouvoir civil qui les spoliait. Roque González, par exemple, un saint jésuite, s'est disputé avec son frère, qui était, je crois, gouverneur de la ville d'Asunción, parce qu'il dénonçait l'esclavage des Indiens. Les hommes d'Église prenaient souvent la défense de ces derniers. Les missions jésuites (les fameuses *Reducciones*) sont l'exemple même de cet effort pour améliorer leur condition.

ABRAHAM SKORKA : En ce qui concerne la Conquête, il n'y a pas de contribution ou de participation du judaïsme que l'on puisse mentionner, même si la présence de crypto-Juifs dans la région du Río de la Plata est attestée, comme le démontre une demande d'extradition d'un homme accusé d'être un crypto-Juif, datant de 1810 et émanant du tribunal de l'Inquisition de Lima. Boleslav Levin a étudié cette question de près. Mais on ne peut pas parler d'une influence des Juifs dans le domaine politico-social avant les grandes vagues migratoires qui ont commencé vers 1880, lorsqu'ont été établies les premières colonies de peuplement du baron Hirsch qui ont permis de donner corps à l'idée de Juan Bautista Alberdi[2], selon

1. Le terme *chicha* recouvre toute une gamme d'alcools de céréales, notamment de maïs. (*N.d.T.*)

2. Juan Bautista Alberdi (1810-1884) : penseur et homme politique argentin, auteur entre autres de *Bases y puntos de partida para la organización política de la República Argentina*, ouvrage très influent qui a inspiré les rédacteurs de la constitution du pays. (*N.d.T.*)

laquelle l'immigration européenne serait l'une des clés du développement de l'Argentine. La participation des Juifs à la vie du pays s'est d'abord manifestée dans les arts et les sciences. On peut citer les noms d'Alberto Gerchunoff, de Bernardo Verbitsky, de César Tiempo ainsi que de grands médecins. La participation politique a commencé avec la deuxième vague migratoire, dans les années 1910-1920, qui a vu arriver des gens qui apportaient avec eux les idées socialistes. D'où l'importante présence juive dans les luttes ouvrières et au sein du parti socialiste comme du parti communiste. Il y avait également des anarchistes, comme le célèbre Simón Radowitzky, auteur de l'attentat qui a coûté la vie au commissaire Falcon[1]. Et il y a eu, bien évidemment, une forte implication de la communauté juive dans la lutte contre le nazisme. Je parle toujours de la culture juive parce que vous savez que le judaïsme est une cosmovision, un ensemble de valeurs, mais les membres de la communauté ne respectent pas forcément les règles religieuses. À l'époque dont je vous parle, le moteur culturel juif passait par la vision des immigrants européens, qui ont importé en Argentine des formes d'organisation politique européennes. En ce temps-là, je veux dire, dans les années 1920 et 1930, il existait un courant sioniste très important qui se proposait d'appliquer les idées socialistes dans la terre des

1. Simon Radowitzky était un militant anarchiste qui, en 1910, a assassiné le commissaire Ramón Falcón, chef de la police de Buenos Aires, responsable de la répression brutale qui avait suivi une grande manifestation syndicale en 1909 (épisode connu sous le nom de « Semaine tragique »). (*N.d.T.*)

Patriarches. Il y avait par ailleurs une autre tendance, celle du Bund, socialiste elle aussi mais qui pensait que le peuple juif devait s'internationaliser. De ces multiples manières, la communauté juive a apporté un grand nombre d'idées sociales à la vie politique argentine. En ce qui concerne la relation entre le général Perón et les Juifs, la question demande à être étudiée en profondeur. Il est vrai que Perón a permis à des criminels de guerre nazis de trouver refuge en Argentine, mais il est aussi vrai qu'il a reconnu l'État d'Israël dès le début 1949, et qu'il entretenait de bons rapports avec une partie de la communauté juive. Un rabbin, Amram Blum, était très lié à Perón. Il officiait à la grande synagogue de la rue Paso. La DAIA, pour sa part, préférait garder ses distances. C'est la seule fois où la communauté s'est divisée, avec la création d'une entité proche du péronisme, qui s'appelait l'Organisation israélite argentine. Les années 1930 et 1940 n'ont pas été faciles pour les Juifs. L'Église prenait des positions très dures contre notre communauté. Les groupes nationalistes, antisémites tenaient le haut du pavé, rien à voir avec aujourd'hui.

JB : Ce fut un moment d'essor d'un nationalisme qui se réclamait, à tort, du catholicisme. Aujourd'hui encore, on m'accuse dans certaines revues ultranationalistes d'être un hérétique parce que je poursuis le dialogue avec d'autres confessions. Mais je voudrais revenir, à travers une anecdote, sur la dimension sociale de l'apport des immigrants juifs européens. Un jour un vieux monsieur est venu me voir. Il s'est présenté et m'a dit qu'il voulait me parler des problèmes des retraités. C'était don Julio Liberman, qui avait été dirigeant du syndicat des couturiers au temps de Perón. Il était communiste, et avait émigré de Pologne avec ses parents. Quand il était enfant, il était retourné là-bas, avant de revenir en Argentine pour son service militaire et de ne plus en partir. Il était très sympathique, j'aimais beaucoup son attitude très digne : de temps à autre, il passait me voir et on avait de grandes discussions. Un jour, il m'a dit qu'il préférait être honnête avec moi : il n'était pas croyant. Il faisait partie de ces immigrants juifs dont vous parliez à l'instant. À 92 ans, il restait très combatif. Après avoir quitté le syndicat des couturiers du fait de son âge, il se battait toujours pour les retraités. La vision sociale de ces hommes a eu une influence très importante sur la conscience sociale des Argentins. Et j'ai l'impression que la plupart de ces immigrants n'étaient pas croyants, comme don Julio.

AS : Oui, c'est possible. Mais franchement, il n'est pas évident de dire avec précision où se situe la ligne de démarcation entre la foi et l'idéologie. On pourrait dire que ces Juifs étaient socialistes parce qu'ils étaient issus de familles très modestes, parce qu'ils avaient vécu les injustices sociales dans leur propre chair. Mais il en est d'autres qui, élevés dans les mêmes conditions, ne sont pas devenus socialistes pour autant. Et je me demande aussi, chez ces gens qui étaient en conflit avec Dieu, quelle était l'influence de l'idée socialiste biblique avec, chez des prophètes comme Amos, Jérémie et Isaïe, par exemple, des appels très clairs, au nom de Dieu, à la justice sociale.

Je me demande : dans le fond, peut-être étaient-ils moins en conflit avec Dieu qu'avec la structure religieuse ?

JB : C'est vrai aussi des socialistes d'origine chrétienne qui en général s'éloignent de la religion parce qu'ils ont un problème avec la structure religieuse, qui peut ressembler davantage à un mur qu'à un pont lorsque des hommes d'Église détournent les autres de la foi pour s'en servir pour leur propre compte, par idéologie ou pour améliorer leur situation personnelle. Il peut exister, par exemple, une connivence entre des secteurs de l'Église catholique et le pouvoir politique. Un autre défaut est la bienfaisance au sens où la pratique Susanita, l'amie de Mafalda[1] : « J'organise un thé avec bingo, il y aura des sandwiches, des pâtisseries et plein de bonnes choses, et avec l'argent on pourra acheter de la polenta, du riz et des pâtes, toutes ces cochonneries que mangent les pauvres. » La bienfaisance de ce type n'est ni chrétienne ni sociale, et elle n'a que peu de rapport avec la foi. Si aujourd'hui un prêtre prêchait comme Amos, il se ferait traiter de communiste, de tiers-mondiste, et finirait probablement en prison. En ce qui concerne la justice sociale, la parole de Dieu est bien plus puissante que tout ce que nous pouvons dire ou faire. C'est étonnant, non ? Dans les années 1970, il y a eu de tout, mais l'engagement social était bien réel. À

1. Mafalda, personnage d'une bande dessinée argentine célèbre dans le monde entier, est une petite fille toujours prête à s'insurger contre l'injustice et les malheurs du monde. Susanita, son amie, est le prototype de la future dame bien pensante, un peu sotte, qui n'a que mépris pour les pauvres. (*N.d.T.*)

l'époque, un prêtre ne pouvait pratiquer la bienfaisance à la façon de Susanita, il devait se tenir littéralement aux côtés des pauvres. Dans certains cas, cela a conduit à une regrettable idéologisation, des prêtres ont fini par se défroquer, ou se sont écartés du chemin de l'Église et ont été sanctionnés par l'institution. Il y a eu des mouvements d'insoumission parmi les prêtres à Rosario ou Mendoza, où tout était mélangé, l'aspect social, l'aspect disciplinaire, l'aspect religieux. Mais il est vrai que les prophètes ne mâchaient pas leurs mots. On le voit souvent aux premiers temps du christianisme, dans les homélies de saint Jean Chrysostome, par exemple. Si un prêtre prêchait aujourd'hui de la sorte, il ferait fuir la moitié de ses fidèles. L'Église a toujours été socialement engagée. Il suffit de voir le travail des congrégations religieuses dans notre pays, avec leurs écoles, leurs orphelinats, leurs hôpitaux. Des hommes et des femmes de religion se consacrent depuis toujours au social. Les prêtres proches des défavorisés ne sont pas une nouveauté des années 1970. Lors de l'épidémie de fièvre jaune de 1870, soixante-huit sœurs sont mortes en secourant les malades. Par la suite, ce sont les laïcs qui ont pris en charge l'aide sociale, par l'intermédiaire de sociétés de bienfaisance. La Fondation Eva Perón mérite une mention particulière. Lorsque Evita s'est lancée dans le travail social, d'abord par l'intermédiaire du secrétariat d'État au Travail, puis de sa fondation, elle s'est trouvée en conflit avec la Société de bienfaisance parce qu'elle faisait bouger les lignes, elle apportait quelque chose de plus en termes d'intégration sociale. Au début, l'Église n'était pas en conflit ouvert avec Perón, qui avait des prêtres parmi ses proches. Perón voulait s'appuyer sur la doctrine sociale de l'Église et il a invoqué nombre de ses principes lors de ses discours et de ses proclamations. Un homme a alors joué un rôle important, Monseigneur de Carlo, qui était évêque de Resistencia[1]. Très proche des Perón, il les a aidés à écrire certains de leurs ouvrages à caractère social. Leur proximité était telle que le gouvernement lui a fait construire un séminaire dans les environs de Resistencia. Chaque fois que Perón se rendait là-bas, il prenait la parole devant le peuple, rassemblé sur la rotonde devant le séminaire. De Carlo n'était pas très bien vu, on l'accusait d'être trop engagé, mais c'était un grand homme d'Église, qui n'a jamais transigé avec sa conscience, voilà la vérité. On raconte à son sujet une anecdote amusante. Lors d'une de ses visites, Perón a dit à la foule venue l'écouter qu'il souhaitait mettre fin à une calomnie : « On dit que Mgr de Carlo est péroniste. C'est faux. C'est Perón qui est de carliste. » Au début, Perón et le christianisme ont avancé de conserve sur cette voie sociale. Mais certains secteurs étaient opposés au péronisme, et ils ont rallié l'« Union démocratique » lors des élections de 1945[2]. Au début, l'Église était proche du régime, elle a même obtenu des choses importantes, comme l'éducation religieuse à l'école. Après la mort

1. Capitale d'une des provinces les plus pauvres de l'Argentine, le Chaco. (*N.d.T.*)

2. Lors des élections de 1945, remportées par Peron, l'« Union démocratique » rassemblait la coalition hétéroclite de ses opposants, du parti conservateur au parti communiste. (*N.d.T.*)

d'Evita, en 1952, les choses se sont gâtées. Peut-être les autorités ecclésiastiques n'ont-elles pas bien su gérer le conflit ? En tout cas, cela a abouti à l'affrontement de 1954[1]. Je me souviens, quand j'étais gamin, d'un titre de journal : « Les seigneurs et les monseigneurs ont une table bien garnie. » C'était la première attaque, et l'affrontement s'est poursuivi, faisant de nombreux morts innocents. Un groupe d'officiers nationalistes qui se moquait bien de la vie des gens a mitraillé la Plaza de Mayo avec des avions sur lesquels était écrit « Le Christ vaincra », ce qui était proprement ahurissant. Encore aujourd'hui cela m'emplit de colère, car il n'y a rien de pire qu'invoquer Jésus à des fins purement politiques. C'était tout un mélange de religion, de politique et de nationalisme. Des gens innocents ont été mitraillés à bout portant[2]. Je récuse l'argument de ceux qui disent que c'était pour défendre la Nation, parce qu'on ne défend pas le peuple en le massacrant. Mais il est réducteur de prétendre que l'Église a soutenu Perón ou qu'elle s'est opposée à lui. Leur relation a été bien plus complexe. Il y a d'abord eu soutien, puis complicité avec certains et, à la fin, affrontement. Complexe, comme l'était le péronisme lui-même. J'aimerais aussi préciser que, lorsqu'on dit – surtout la presse – « l'Église », on pense aux évêques, aux prêtres, à la hiérarchie,

1. En 1954, le général Perón, aux abois, a lancé une campagne anticléricale virulente, marquée par des violences, qui a précipité sa chute l'année suivante. (*N.d.T.*)

2. Mgr Bergoglio fait ici allusion au bombardement, le 16 juin 1955, de la Plaza de Mayo à Buenos Aires lors d'une tentative de coup d'État contre Perón, qui a fait des centaines de victimes civiles. (*N.d.T.*)

mais l'Église, c'est le peuple de Dieu dans son ensemble. À l'époque que je viens d'évoquer, ceux qu'on appelait les «cabecitas negras[1]» étaient à la fois des catholiques et des péronistes fervents, et le sont restés même lorsque le gouvernement a voulu brûler les églises.

1. «Cabecita negra», c'est-à-dire «petite tête noire», est le terme péjoratif par lequel on désignait à l'époque de Perón les habitants pauvres et à la peau mate de l'intérieur du pays qui migraient vers la grande ville. (*N.d.T.*)

27

À propos du Proche-Orient

ABRAHAM SKORKA : En général, lorsqu'on évoque le conflit du Proche-Orient, on se rappelle le dernier événement en date et on oublie tout le processus historique qui a conduit jusque-là. Je suis convaincu qu'il faut au plus vite mettre un terme à l'escalade de la violence. Comme l'a dit Sadate lorsqu'il s'est rendu en Israël : « Nous discuterons beaucoup, mais il n'y aura plus de guerre. » Les armes doivent se taire, il faut trouver une voie vers la coexistence pacifique et lutter pour y aboutir. Mais malheureusement, certains tirent profit de cette situation tandis que les Israéliens pleurent leurs victimes et que les Palestiniens s'entassent à Gaza dans des conditions épouvantables, indignes. Parmi ceux qui cherchent à exploiter le conflit à leur avantage, il y a les marchés internationaux avec leurs misérables calculs où un baril de pétrole vaut plus qu'une vie humaine. Et il y a aussi les fondamentalistes qui attisent le conflit en espérant tirer les marrons du feu. L'Iran a besoin de cette guerre pour exercer son influence sur la Syrie et le Liban par l'intermédiaire du Hezbollah, ainsi qu'à

Gaza par l'intermédiaire du Hamas. L'Iran rêve d'un nouvel « empire perse », il veut rassembler les chiites et soumettre tous ceux qui n'acceptent pas le règne autocratique des ayatollahs. À une époque, en Israël, il y avait un grand mouvement pacifiste, « Shalom Akhshav » (« La paix maintenant »). Malheureusement, il n'existait pas de l'autre côté d'organisation du même type. À aucun moment je n'ai vu deux cent mille Palestiniens manifester en criant « Faisons la paix ! ». Lorsque Barak négociait avec Arafat, il était prêt à concéder tout ce qu'exigeait le leader palestinien, y compris une partie de Jérusalem, ce qui pour lui était très risqué car la droite israélienne et beaucoup de Juifs considèrent que Jérusalem est une et indivisible. Les musulmans se tournent vers La Mecque pour prier, nous, c'est vers Jérusalem. Mais la paix valait bien qu'une partie de Jérusalem soit administrée par les Palestiniens. Pourtant, Arafat a continué à exiger tout, tant et si bien qu'il a fini par ne rien obtenir. Barak a démissionné parce qu'il n'avait pas réussi à signer la paix. Mais Arafat a été reçu comme un héros. Il devra y avoir un État palestinien, c'est inévitable puisque des gens s'identifient à la nation palestinienne. Lorsque cela arrivera, Israël aura un réel interlocuteur – espérons qu'il sera démocratique. Pour le peuple juif, rien n'est plus précieux que la paix. La fin du chapitre 19 du livre d'Isaïe est étonnante : il y est dit qu'un pacte existera un jour entre l'Égypte, Israël et l'Assyrie (peut-être la Syrie ?) et que ce pacte sera une bénédiction pour le monde entier. Il faut transformer les termes de la discussion, il faut remplacer ce que j'ai envie d'appeler « la politique infâme» par un sentiment de grandeur. On invoque à tort et à travers des concepts religieux, et c'est néfaste au plus haut point. On tue beaucoup au nom de Dieu, nous avons eu l'occasion d'en parler un peu plus tôt. On commet des actes barbares en Son nom – vous l'avez dit vous-même, c'est au nom du Christ qu'on a tué les passants sur la Plaza de Mayo en juin 1955. Et aujourd'hui, on tue au nom de Dieu au Proche-Orient. On ne peut renverser cette situation que si les deux parties adoptent une attitude noble, si l'on cesse de vouloir retirer le pain de la bouche de son voisin, et si celui-ci cesse d'avoir envie de vous annihiler parce que vous vivez mieux que lui. Pourquoi la bande de Gaza ne deviendrait-elle pas le Hong-Kong du Proche-Orient ? Pourquoi ne pourrait-elle pas être un endroit où les gens vivent bien ? L'important, c'est la vie de chaque individu, et le Juif a autant le droit de vivre que le Palestinien. Mais les Palestiniens doivent comprendre, et je m'adresse ici à leurs dirigeants – et non au peuple, qui le sait parfaitement –, que la destruction de l'autre ne leur permettra pas de passer à la postérité. Tous les extrémismes sont mauvais et tous ces personnages qui s'imaginent être les maîtres du monde le sont tout autant. Je me demande parfois pourquoi Dieu a créé la Terre ronde et une réponse me vient à l'esprit : c'est parce que tous les points d'une sphère sont équivalents. Il n'y a pas de point privilégié, il n'y a que de l'égalité.

JORGE BERGOGLIO : Vous êtes passé de l'explication politique d'une situation à un discours empreint de sagesse sur les relations humaines. Vous me rappelez la conversation que j'ai eue il y a quelque temps avec une personne âgée qui traversait des moments de doute spirituel. En réfléchissant à sa propre vie, elle m'a confié qu'elle était taraudée par un problème familial qu'elle n'était jamais parvenue à résoudre. «C'est un des échecs de ma vie, m'a-t-elle dit, peut-être parce que je n'ai pas trouvé la bonne approche.» Cette phrase est restée gravée dans mon esprit. Parfois, pour que les relations humaines s'arrangent, il suffit que quelqu'un vous aide à trouver le chemin : quand on a le nez sur un problème, c'est comme si une montagne se dressait devant soi, on n'y voit rien. Il faut une personne extérieure pour vous dire : «Essayez plutôt de passer par là, sinon peut-être par ici.» Lorsque je me heurte à un problème avec quelqu'un, je me sers parfois d'une chose que j'ai apprise chez les moines égyptiens des débuts du christianisme. Ils s'accusaient eux-mêmes afin de trouver une solution, ils se plaçaient eux-mêmes sur la sellette pour essayer de comprendre quel était leur problème. Je fais pareil lorsque je sens que quelque chose ne tourne pas rond chez moi. Cette attitude me donne une liberté qui me permet, ensuite, de pardonner à l'autre s'il a fauté. Il ne faut pas trop insister sur l'erreur d'autrui parce qu'on en fait soi-même l'expérience tôt ou tard, chacun ayant ses défauts. L'entente entre les personnes, entre les peuples, s'atteint en travaillant sur les voies d'accès, voilà ce qui sous-tend votre réflexion, à mon avis. En tout cas, c'est ainsi que l'on surmonte les inimitiés.

AS : Nous vivons une époque culturelle marquée par les médias. Je déteste que l'on formule toutes sortes de problèmes comme s'il s'agissait d'un match entre River Plate et Boca Juniors. Les choses ne sont pas blanches ou noires, elles sont toujours plus complexes qu'il y paraît. Mais on les évoque avec fanatisme, à grand renfort d'arguments fallacieux ou de descriptions superficielles. Cela ne sert qu'à exacerber les sentiments, on agit dans l'instantané, sans profondeur. D'un autre côté, les ouvrages de réflexion qui finissent toujours par émerger – sur des sujets politiques ou sociaux – sont rédigés dans un langage trop technique ou en des termes trop philosophiques pour être d'un accès aisé. Il y a aussi beaucoup de personnes très compétentes qui se servent de leur intelligence pour défendre leurs positions avec beaucoup de ferveur sans que cela aide forcément à l'émergence de la vérité, que seule une authentique humilité permet d'atteindre. Bien souvent, hélas, c'est ainsi que les médias ont tendance à présenter le conflit israélo-palestinien.

JB : Cette manière de présenter les choses, en noir et blanc, est une tendance néfaste qui fait toujours passer le conflit avant l'unité. Vous avez mentionné l'humilité, car c'est elle qui aplanit les difficultés sur le chemin qui mène à la rencontre : en privilégiant le conflit on ne fait que dresser des obstacles. Et l'esprit de Dieu se manifeste dans cet aplanissement des difficultés. C'est le thème que développe merveilleusement Haendel au début du *Messie*, lorsque le baryton reprend le thème d'Isaïe : « Que toute vallée soit élevée, que toute montagne et toute colline soient abaissées ! Que les reliefs se changent en terrain plat et les escarpements en vallons[1] ! » La recherche du chemin est une prophétie de l'unité. Ce que vous avez dit des médias, j'aurais tendance à l'appliquer à tous ceux qui privilégient le conflit, à ceux qui pensent en noir et blanc. Aujourd'hui, on désinforme en ne rapportant qu'une partie de la vérité, on ne prend en compte que ce qui convient, et c'est très dommageable car cela aboutit à favoriser la discorde. Une même information sera rapportée de manière contradictoire par cinq journaux différents, chacun voyant midi à sa porte.

AS : Revenons à la question du conflit... J'aime lorsque Freud dit que l'homme doit résoudre ses conflits et que la manière dont il s'y prend détermine ses actions ultérieures. Un médecin ne peut exercer son métier sans une dose d'agressivité, parce que le fait d'empoigner le scalpel – ou de faire une prise de sang ou une piqûre – comporte une certaine violence. Mais celle-ci se trouve sublimée d'une manière très positive. Il est indispensable d'analyser ce que chacun fait de sa propre agressivité, de ses propres tendances destructrices. J'estime – et ce n'est pas Freud qui l'a découvert, on trouve cette idée dans les écrits rabbiniques depuis deux mille ans – que nous avons un instinct pour le bien et un instinct pour le mal, le tout est de savoir transformer cet instinct négatif en positif. Lorsque cela n'aboutit pas, on obtient le monde tel que nous le connaissons, dans lequel manque une dimension d'humilité. Moïse est devenu le plus grand des Prophètes pour toutes sortes de rai-

1. Isaïe : 40:4.

sons, mais la principale était qu'il s'agissait du plus humble des hommes.

JB : Le conflit est présent dès les premières pages de la Bible, lorsque Adam et Ève sont chassés du Paradis, lorsque Caïn tue Abel et ensuite dans l'histoire de la Tour de Babel ou dans celle d'Ésaü et Jacob. Même dans la vie de Jésus, les disciples étaient sans cesse source de tensions. Le conflit fait partie de la vie religieuse. Mieux encore, on ne comprend rien à la révélation, à la Bible, si l'on ne prend pas au sérieux leur dimension conflictuelle. La question est de savoir comment on fait pour résoudre le conflit en respectant la parole de Dieu. Je crois que la résolution ne doit jamais emprunter la voie de la guerre, car cela implique que l'une des deux parties absorbera l'autre. La résolution ne peut prendre non plus la forme d'une synthèse, qui est un mélange des extrêmes, un hybride, sans avenir. Les deux pôles de la tension doivent s'entendre à un niveau supérieur, le regard tourné vers l'horizon, non pas à travers une synthèse mais une nouvelle unité, un nouveau pôle qui préservera les virtualités des deux autres, qui les assumera et, ce faisant, progressera. Il ne s'agit ni d'une absorption ni d'une synthèse hybride, mais d'une nouvelle unité. Si l'on considère le code génétique, c'est ainsi que progresse l'humanité. Une véritable philosophie du conflit serait d'avoir le courage et l'audace de chercher à le résoudre, tant le conflit personnel que le conflit social, de chercher une unité qui rassemblerait la virtualité des deux parties. Un théologien luthérien allemand, Oscar Cullman, a dit quelque chose de très pertinent sur la manière dont on peut procéder pour parvenir à l'unité des différentes confessions chrétiennes. Selon lui, il ne faut pas chercher dès le départ à ce que chacun tienne le même discours, il faut cheminer de conserve dans une diversité réconciliée. Il propose de résoudre le conflit religieux entre les multiples confessions chrétiennes en faisant un bout de chemin ensemble, en faisant des choses ensemble, en priant ensemble. Il ne faut plus jeter de pierres, il faut marcher côte à côte. Cela permet de progresser vers la résolution du conflit sans annuler les différentes traditions ni tomber dans le syncrétisme. Chacun, avec son identité, en quête de réconciliation, en quête d'unité dans la vérité.

AS : L'homme est un être conflictuel, en cela réside à la fois sa grandeur et sa possible bassesse. Il est écrit quelque part dans le Talmud que l'homme possède à la fois des facettes angéliques et animales. Les anges sont des êtres entièrement spirituels mais ils n'ont pas de volonté propre, ils accomplissent les ordres divins. L'homme, en revanche, a une volonté propre, des caractéristiques animales et aussi spirituelles. Et celles-ci sont constamment en conflit les unes avec les autres.

28

À propos du dialogue interreligieux

ABRAHAM SKORKA : Un prêtre m'a dit un jour que même si, en Argentine, seule l'Église catholique participe officiellement aux fêtes nationales, cela ne veut pas dire que ça ne peut pas changer. C'est une idée qui est restée gravée dans mon esprit.

JORGE BERGOGLIO : Vous vous en souvenez certainement : quand je suis devenu archevêque de Buenos Aires, la tradition voulait que, lors du Te Deum[1], j'accompagne le président jusqu'au portail. Vous autres, les représentants des autres confessions, restiez à votre place, comme des statues dans un musée. J'ai fait évoluer cette tradition : à présent, le président salue les représentants de toutes les religions. C'est un premier pas dans le sens que vous indiquiez. Depuis 2009, la cérémonie comporte deux parties : d'abord l'hymne traditionnel, l'action de grâces, l'homélie et l'oraison catholique, et ensuite chaque représentant de chaque confession fait sa

1. Messe solennelle célébrée dans la cathédrale de Buenos Aires le 25 mai, jour de la fête nationale. (*N.d.T.*)

propre oraison. Il y a une plus grande implication à présent.

AS : Ce sont des gestes très importants, c'est une manière de montrer l'importance du dialogue inter-religieux.

JB : Vous-même, vous avez beaucoup œuvré dans ce sens. Je ne suis pas près d'oublier que vous m'avez invité à deux reprises à prier et à prendre la parole dans votre propre synagogue. Et moi-même je vous ai convié à parler des valeurs à nos séminaristes.

AS : Et vous, vous avez fait preuve de beaucoup de courage, car au sein de votre propre institution tout le monde ne voit pas cela d'un bon œil.

JB : La première fois que les évangélistes m'ont invité à une de leurs réunions, c'était dans un stade plein. Ce jour-là, un prêtre et un pasteur ont pris la parole. Chacun a fait son intervention, avec une petite pause-déjeuner pour manger des sandwiches. À un moment, le pasteur a demandé à l'assistance de prier pour moi et pour mon ministère. Il m'avait demandé à l'avance si je n'y voyais pas d'inconvénient et j'avais acquiescé, bien évidemment. Pendant la prière, je me suis agenouillé sans me poser de questions, puisque je devais recevoir les prières et les bénédictions des sept mille participants, c'est un geste normal pour un catholique. Quelques jours plus tard, un titre barrait la couverture d'une revue : « Buenos Aires : poste vacant à la cathédrale ! L'archevêque a commis le crime d'apostasie. » Pour cette revue, prier avec les autres, c'était de l'apostasie. Même avec un agnostique je peux lever les yeux au ciel, lui avec ses doutes, moi avec ma foi, et interroger la transcendance. Chacun prie selon sa tradition, où est le problème ?

AS : L'un de mes très chers amis, un rabbin très original, Shmuel Avidor HaCohen, a écrit un livre que je voudrais mentionner. Il est plus âgé que moi et a fait partie du mouvement « La Paix maintenant ! » en Israël. C'était un révolutionnaire dans tous les sens du terme. Shmuel est l'auteur d'une biographie d'un célèbre rabbin de la première moitié du XXe siècle, Abraham Isaac Hacohen Kook. Celui-ci a dit un jour que ceux qui avaient fondé les kibboutz, même s'ils avaient pris leurs distances avec la tradition, avaient accompli un geste religieux en retournant sur la Terre promise alors qu'elle était sous domination ottomane et qu'il n'y avait que des marécages. Pour lui, renouer avec le travail de la terre, activité qui était interdite aux Juifs européens, représentait un geste religieux. Lorsque vous vous agenouillez pour prier avec les évangélistes, c'est la même chose, vous êtes un homme qui rame à contre-courant. D'où, d'ailleurs, le titre que Shmuel a donné à son livre : *L'homme qui ramait à contre-courant*. Je suis impressionné par les changements que vous avez introduits, et c'est une vraie avancée que le président salue les dignitaires religieux lors du Te Deum, et que plusieurs d'entre eux puissent y prendre la parole. Faire bouger les choses, s'agissant de traditions aussi anciennes, ce n'est pas évident. Je vous félicite pour tous vos efforts en vue de briser de vieux cercles vicieux. C'est notre tâche commune, notre défi.

29

À propos de l'avenir de la religion

ABRAHAM SKORKA : La religion aura toujours un avenir parce que c'est l'expression d'une quête profonde, celle du sens de l'existence, la conséquence d'une introspection et d'une rencontre avec l'Éternel. Tant que l'existence restera un mystère, tant que l'homme se demandera qui a créé le monde, tant que ce type de questionnement persistera – et je pense que ces interrogations sont éternelles –, la religion sera là, pour répondre à ces questions sur nous-mêmes. Et tant que ces questions resteront sans réponse, l'homme tentera de se rapprocher de Dieu, ce qui constitue l'essence de la mystique. Quant à savoir quelle forme prendra la religion dans le monde futur, c'est une autre affaire. Je n'ai pas le moindre doute que l'attitude religieuse accompagnera l'homme, la question est de savoir comment elle s'organisera, comment elle se manifestera. Les grandes institutions religieuses que nous connaissons existeront-elles encore, les religions traditionnelles continueront-elles à se développer ? Toutes sortes de variables entrent en jeu.

JORGE BERGOGLIO : Une phrase de saint Augustin va dans le sens de ce que vous dites : « Seigneur, tu nous a créés pour Toi et notre cœur sera inquiet tant qu'il ne reposera pas en Toi. » Le plus important dans cette phrase, c'est le mot « inquiet ». Un être raisonnable, sincère quant à ce qu'il ressent, manifestera cette inquiétude profonde qui le porte vers la transcendance, vers la rencontre, vers la quête, et ainsi de suite, chaque fois plus profondément. Cette inquiétude, nous aimons la décrire comme le souffle divin qui est en chacun de nous, la marque qu'il a laissée en nous. Elle se manifeste même chez des personnes qui n'ont jamais entendu parler de Dieu, voire qui se sont opposées à la religion et qui, soudain, se trouvent face à quelque chose qui les dépasse. Tant que cette inquiétude existera, la religion existera, ainsi que des manières d'entrer en contact avec Dieu. Le mot « religion » ne vient-il pas lui-même du mot « relier », du fait de chercher un tel lien au moyen de la quête de Dieu ? Si une religion s'en tient purement aux rituels, si elle est vide de tout contenu de ce type, elle est vouée à disparaître car les rites laisseront votre cœur insatisfait. Je pense comme vous que la religion perdurera car cette inquiétude fait partie intégrante de la nature humaine. Nous verrons bien quelles formes elle prendra dans le futur. Vous-même, comment l'imaginez-vous ?

AS : C'est difficile à dire. On le voit bien dans les récits bibliques, la religion prend naissance chez des individus, essentiellement. Abraham, Moïse, les Prophètes... Ils approchent Dieu, qui leur ordonne de retourner auprès de leur peuple, car ce rapprochement doit se manifester dans la communauté. Ce germe de départ, ce dialogue individuel devient progressivement partie du quotidien, se mêle à d'autres concepts, à d'autres intérêts et cela conduit à un échange très positif, parce qu'une religion qui n'est pas ancrée dans la vie de tous les jours reste un pur jeu philosophique. Dans la conception judaïque, le religieux est ce qui se vit. Comme dit la Torah : « Fais ce qui est bien et juste aux yeux de Dieu. » Mais, au moment où nous faisons du spirituel une pratique, où nous le transposons dans le quotidien, commencent à surgir des intérêts variés qui se mêlent au religieux. Bien souvent, ces intérêts deviennent plus importants que la pureté, la beauté de la rencontre, et finissent par la déformer. Il me semble que, pour cette raison, parler de l'avenir de la religion, c'est parler de l'avenir de l'homme, de l'histoire, c'est effectuer une sorte de projection politique et sociologique. Certains chrétiens parlent d'un retour à une religion davantage centrée sur la communauté, notion que je partage pleinement. Au lieu d'avoir de grandes structures pyramidales, l'idée est de revenir à de petites communautés qui se nourrissent de leur propre spiritualité, de disposer de structures plus indépendantes. Je ne sais pas si vous avez entendu parler de cette conception : pour ma part, j'aime l'idée de ne pas travailler avec des foules mais avec des groupes de familles qui, en interagissant avec d'autres groupes de la même religion, de manière coordonnée, peuvent entreprendre des projets plus importants – comme par exemple l'entraide sociale – tout en préservant leur autonomie. J'ai aussi entendu dire qu'en Europe il y a des gens qui font remonter leur quête d'identité à une époque antérieure à celle des Phéniciens, et je trouve cela très intéressant parce qu'il s'agit d'une recherche des racines profondes, et non d'une projection vers le futur. Comment tout ceci va-t-il influer sur l'attitude religieuse de l'homme européen? Dans le cas du judaïsme, du moins en Amérique latine, on assiste à une résurgence des extrémismes des deux bords. Il n'y a plus de voie médiane. À quoi ce présent aboutira-t-il ? La vérité, c'est que je n'en ai aucune idée. Je suis toujours intéressé par ce qui se passe chez le voisin, en l'occurrence chez les chrétiens, parce qu'en matière de religion, les phénomènes se développent de manière parallèle. Lorsque je regarde de l'autre côté de la rue, je découvre une crise profonde dont émergent de nouvelles Églises qui, peut-être, cherchent à se libérer d'une centralisation qui ne leur convient pas. Après la Révolution française, on est revenu à la fragmentation, aux nationalismes. Depuis, il y a eu des tentatives pour recréer des empires, mais tôt ou tard elles ont fini par connaître des débâcles retentissantes. Chacun revient à son identité, et c'est dans ce sens que je comprends le retour aux petites communautés. Cette nouvelle réalité nous permettra-t-elle de renouer avec la paix ou, du moins, d'atteindre un état de non guerre ? C'est difficile à dire. Ce que disent les Prophètes – et j'en suis moi-même convaincu –, c'est que si nous atteignons une situation où le dialogue prend le dessus sur les intérêts mesquins, que cela se produise au niveau de petites communautés ou non, la religion fleurira à nouveau.

JB : L'histoire nous apprend que le catholicisme a beaucoup varié dans sa forme. À l'époque des États pontificaux, le pouvoir temporel était uni au pouvoir spirituel et cette déformation du christianisme ne correspondait ni à ce que Jésus avait voulu ni à ce que Dieu veut. La religion a connu tant d'évolutions qu'il est difficile de ne pas imaginer qu'elle s'adaptera encore à la culture des temps futurs. Le dialogue entre la religion et la culture est fondamental, le concile de Vatican II l'a affirmé. Depuis ses débuts, on demande à l'Église de se transformer en permanence – *Ecclesia semper reformanda* – et cette transformation prend diverses formes au fil du temps, sans que le dogme en soit altéré. Dans le futur, elle saura trouver les manières de s'adapter à de nouvelles époques, tout comme elle est différente aujourd'hui de ce qu'elle était à l'époque de l'absolutisme. Vous avez mentionné vous-même l'idée d'une religion fondée sur les petites communautés. Cette tendance est l'une des clés possibles, elle répond à la nécessité d'affirmer son identité, non seulement religieuse mais culturelle : c'est mon quartier, mon club, ma famille, c'est ma religion. J'ai un lieu d'appartenance, je me reconnais dans une identité. À l'origine, le christianisme était fondé sur des petites communautés. Lorsqu'on lit Luc, on voit bien à quel point le christianisme a connu une expansion massive. Lors des premiers prêches de Pierre, on baptisait deux mille personnes, qui s'organisaient ensuite en petites communautés. Les problèmes surgissent lorsque les paroisses n'ont pas de vie propre, lorsqu'elles sont réduites à néant et incorporées à une structure plus importante. Ce qui donne vie à la paroisse, c'est le sentiment d'appartenance. Un jour où je vous ai rendu visite dans votre communauté, vous m'avez présenté aux femmes qui s'occupent de vos œuvres. Elles préparaient des colis pour des familles dans le besoin. La synagogue et la paroisse nous obligent à prendre soin de nos frères, elles placent la religion sur le terrain, dans l'action. Dans ce cas, il s'agissait de porter assistance, mais il existe toutes sortes de formes d'action. On nous accuse de nous mêler de choses qui soi-disant ne nous concerneraient pas. Il y a peu, j'ai célébré une messe dans la gare de Constitución[1] en faveur des victimes de la traite des êtres humains : l'esclavage dans les ateliers clandestins, les enfants que l'on utilise pour transporter de la drogue, les filles que l'on force à se prostituer. Cela a fini par devenir une importante manifestation de protestation, à laquelle se sont jointes des personnes qui n'étaient pas catholiques, qui ne partageaient pas ma foi, mais qui partagent mon amour du prochain. Je ne me mêle pas de politique, je me mêle de la chair de mon frère, qui travaille en usine dans des conditions proches de l'esclavage. Il est vrai que certains en profitent pour faire de la politique, et c'est la raison pour laquelle il faut réfléchir avant d'agir dans ces affaires.

AS : Comme l'a dit le prophète Isaïe : « Ne t'esquive pas devant celui qui est ta propre chair. »

JB : J'utilise pour ma part une traduction qui dit : « N'aie pas honte de la chair de ton frère. » La relation

1. Une des grandes gares de Buenos Aires. (*N.d.T.*)

religieuse est un engagement, non une fuite. À une époque, la spiritualité catholique était imprégnée de quelque chose qu'on appelait la *fuga mundi*[1]. Notre conception actuelle est totalement différente, il faut s'impliquer dans le monde, mais toujours à partir de l'expérience religieuse. Vous avez dit que les religions suivent souvent des chemins parallèles. Le problème, c'est lorsque le spirituel se trouve réduit à de l'idéologie, l'expérience religieuse se vide de sa substance et l'espace qu'elle laisse est comblé en faisant appel au monde des idées. Il y a un autre risque, celui de la bienfaisance pour la bienfaisance, comme si nous étions une ONG alors que l'expérience religieuse doit faire partie intégrante de notre action. Certaines communautés religieuses deviennent progressivement, sans s'en apercevoir, des sortes d'ONG. Il ne s'agit pas de faire ceci ou cela simplement pour porter secours à son prochain. Comment pries-tu ? Comment aides-tu ta communauté pour qu'elle s'intègre à l'expérience de Dieu ? Telles sont les questions fondamentales.

AS : Le judaïsme a connu, il y a une quarantaine d'années, quelque chose qui ressemble au retour à la « petite paroisse ». Vers la fin des années 1960, il y avait un réseau d'écoles où se transmettait la culture juive, des mouvements de jeunesse sionistes qui formaient les jeunes – hébreu, histoire, tradition – mais l'aspect religieux était un peu délaissé. C'est à ce moment qu'a commencé à prendre racine en Argentine

1. Fuir le monde.

le Mouvement conservateur[1] et qu'a fleuri le concept de communauté, ce lieu où les enfants viennent non seulement pour des activités, mais aussi pour prier, et où l'on organise les grandes campagnes d'aide à nos frères dans le besoin. Une autre chose me paraît également importante : pour que la religiosité s'épanouisse dans le futur, une plus grande humilité de la part des chefs religieux est indispensable. Chacun, lorsqu'il enseigne sa religion à ses enfants, se doit d'expliquer qu'il s'agit de sa vérité, de sa religion, et qu'il aimerait que ses descendants la reprennent à leur compte, la perfectionnent. Mais c'est une très mauvaise chose de chercher à dévaloriser et à mépriser la religion de l'autre, de s'imaginer que l'on détient toute la vérité. Si nous adoptons une authentique attitude d'humilité, nous changerons la face du monde. Le prophète Michée, pour définir l'homme de religion, a dit : « Fais la justice, aime la piété et chemine humblement aux côtés de Dieu. »

JB : Je suis absolument d'accord avec vous sur ce point. Humilité, certes, mais aussi « mansuétude », qui n'est pas synonyme de faiblesse. Un chef religieux peut être très fort, très ferme, sans tomber dans l'agressivité. Jésus dit que celui qui commande doit être comme celui qui obéit. Pour moi cela vaut pour tout le monde, dans toutes les religions. Le vrai pouvoir est conféré par le fait de servir. Dès lors qu'il cesse de servir, le religieux se transforme en simple

1. Voir p. 57.

gestionnaire, en employé d'une ONG. Le chef spirituel doit partager, souffrir, servir ses frères.

AS : Absolument. Je ne sais pas à quoi ressemblera la religion du futur mais je suis convaincu que cela dépendra de ce que les individus font aujourd'hui. Walter Benjamin a dit un jour : « Je ne sais pas si le livre que j'écris aura un impact aujourd'hui, mais dans cent ans, peut-être. »

JB : Les religions ont connu des périodes bien plus sombres que celle que nous traversons aujourd'hui et elles ont survécu. On trouve peut-être moins d'hommes de religion qu'avant, mais à certaines époques la pénurie était une vertu. Il y a eu des moments de corruption dans l'Église, comme lorsque existaient le droit d'aînesse et les bénéfices ecclésiastiques dont tiraient avantage certains prêtres, par exemple en devenant les précepteurs d'enfants de familles aisées. Ils ne faisaient rien et vivaient dans le monde. En dépit de ces périodes très difficiles, la religion a ressuscité, grâce à des figures comme Mère Teresa qui ont révolutionné toute la conception de la dignité de la personne, qui ont perdu leur temps – car d'une certaine manière c'est une perte de temps – en aidant les gens à mourir. De tels actes engendrent une mystique et redonnent vie à la générosité. Dans l'histoire de l'Église, les vrais réformateurs sont les saints. Ce sont eux qui changent, qui transforment, qui ressuscitent et font avancer la cause de la spiritualité. Pour prendre un autre exemple, saint François d'Assise a renouvelé toute la conception de la pauvreté dans le christianisme face au luxe, à l'orgueil et à la vanité des pouvoirs civils et ecclésiastiques de son temps. Il a mis en avant une mystique de la pauvreté, du dépouillement, il a changé le cours de l'histoire. Au sein de judaïsme, comment de telles figures ont-elles surgi ?

AS : Je mentionnerai à nouveau une personne qui a été très critiquée dans la communauté juive argentine, mais qui a marqué un avant et un après : Marshall Meyer. Je ne peux pas dire que c'était un saint, car cette notion n'existe pas dans le judaïsme, je ne dirai pas non plus que tout ce qu'il a entrepris était parfait, ni que j'étais d'accord avec lui sur tout. Mais si la communauté s'est épanouie à partir des années 1970, c'est grâce à lui. Marshall était un homme d'une profonde religiosité. Personne ne peut nier qu'il y ait un avant et un après Marshall Meyer, non seulement en raison de son combat pour les droits de l'homme, mais aussi parce qu'il a ouvert de nouvelles voies dans le domaine des relations avec son prochain et secoué les lourdeurs de la communauté juive argentine au niveau spirituel. Ensuite, plus près de nous dans le temps, il y a eu un autre changement, marqué par un retour à la religion dans sa forme la plus orthodoxe. Il y a trente ou quarante ans, le retour à cette ligne très stricte dont je ne partage pas de nombreuses positions aurait été inconcevable. Zygmunt Bauman, le célèbre sociologue européen qui a inventé le terme « modernité liquide », décrit avec précision la réalité que nous vivons. Il parle du manque de certitudes et d'engagements. Et l'orthodoxie s'inscrit dans les espaces laissés vacants par cette incertitude – en versant, de fait, dans l'extrême inverse. Pour revenir à la question de la religion du futur, je pense qu'il y a une voie médiane qui reste à trouver. Il y a des certitudes inébranlables : «Tu ne tueras point», «Tu ne voleras point». Mais la vie, c'est le mouvement, la liberté, et il faut préserver sa capacité de penser, de discerner, parce que les chemins de la vie ne sont pas écrits à l'avance.

JB : Dans toutes les religions, certains courants cherchent à accentuer le côté prescriptif et laissent de côté l'humain. La religion devient alors ce qu'il faut dire le matin, le midi et le soir dans ses prières, et ce qu'on risque si on ne le fait pas. Il existe une sorte d'encerclement spirituel des croyants et, pour peu que les gens n'aient pas la force d'esprit nécessaire, cela peut conduire à un déni de liberté. Une autre caractéristique de ces courants est qu'ils sont intéressés par le pouvoir. Buenos Aires est une ville païenne : ce n'est pas un jugement de valeur mais un simple constat. On y vénère toutes sortes de divinités et, face à cette paganisation, un mouvement semblable à celui que vous venez d'évoquer commence à prendre racine. Cela se présente sous la forme d'une quête d'authenticité, mais cette quête est conçue comme quelque chose de purement prescriptif, une pure obéissance à des règles, et on tombe dès lors dans l'excès inverse : un purisme très éloigné de la religion. Il est vrai que la culture hédoniste, consumériste, narcissique, s'étend progressivement au catholicisme. Elle nous atteint et, d'une certaine manière, relativise la vie religieuse, la paganise, fait d'elle quelque chose de mondain. C'est cela, la véritable perte de religiosité, ce que je redoute le plus. Je dis toujours, reprenant les paroles de Jésus, que le christianisme est un petit troupeau. Lorsque la communauté chrétienne s'agrandit et se transforme en pouvoir temporel, elle court le risque de perdre son essence religieuse. Il y a peut-être moins de religieux aujourd'hui, qui sait, mais l'inquiétude est grande, et il existe une quête sérieuse du religieux. Celle-ci se manifeste aussi dans des mouvements de piété populaires, comme par exemple le pèlerinage des jeunes à la basilique de Luján. Beaucoup de participants ne remettront jamais les pieds dans une église : soixante pour cent des pèlerins s'y rendent de leur propre initiative, ils ne viennent pas avec une paroisse. C'est une étincelle de piété populaire qui les fait se joindre au pèlerinage, et c'est un phénomène religieux qu'il ne faut pas minimiser. Il y a peut-être moins de monde dans les églises, il y a une purification dans l'engagement, mais la quête religieuse ne s'est pas éteinte, elle reste forte, peut-être un peu désorientée, et se déroule souvent à l'extérieur des structures institutionnelles. Pour moi, le vrai défi auquel doivent faire face les chefs spirituels aujourd'hui, c'est de trouver le moyen de canaliser cette force. L'évangélisation est essentielle, mais elle ne doit pas verser dans le prosélytisme, qui ne fait plus partie du lexique pastoral, grâce à Dieu. Benoît XVI a eu une très belle formule : « L'Église est une proposition à laquelle on vient par attraction, pas par prosélytisme. » Et cette attraction opère à travers le témoignage.

AS : Le judaïsme ne connaît pas le prosélytisme, mais il existe une sorte de propagande interne, dans la manière dont certaines communautés orthodoxes s'adressent au reste de la communauté. Permettez-moi de revenir sur quelque chose que vous avez dit. Les chefs spirituels doivent savoir répondre à ces manifestations, conduire ces mouvements religieux spontanés. J'y vois une des clés de la religion du futur. Je ne pense pas qu'un chef religieux doive mener sa communauté d'une poigne de fer. La poigne de fer et la main tendue sont l'apanage de Dieu lorsqu'il fait sortir d'Égypte les fils d'Israël. Revenons à l'exemple de Marshall Meyer, si vous le voulez bien. C'était un dirigeant charismatique : au sein du Mouvement conservateur, nous souffrons peut-être à présent de la marque qu'il a imprimée. Peut-être n'avait- il pas d'autre choix que de prendre le fardeau sur ses épaules et avancer seul, en raison des circonstances dans lesquelles il a agi, mais cela a aussi placé les disciples de son œuvre dans l'impossibilité de développer toutes leurs potentialités. Aujourd'hui, la réalité argentine a changé, il faut des dirigeants plus subtils, je me méfie de l'excès de charisme. Pour moi, le chef religieux est avant tout un maître, il doit être capable d'apporter au bon moment une réponse claire et réfléchie face aux injustices. Si la religiosité est un phénomène intime, le maître ne doit pas rechercher les masses, il doit savoir se faire entendre et comprendre par chacun. Je n'aime pas le narcissisme, l'égocentrisme, pas plus chez un homme politique que chez un homme de religion. La question de la diffusion au plus grand nombre est explicitement posée par ces nouveaux mouvements religieux qui finissent par de grands massacres. C'est pour cela qu'il faut faire très attention lorsqu'on parle de nouvelles religions. Quelqu'un qui se prétend porteur d'un nouveau message spirituel doit être traité avec respect, mais en même temps il est de notre devoir d'évaluer de quoi il s'agit précisément. Aucun mouvement spirituel ne peut, par ses exigences, conduire à des conflits entre l'individu et sa famille, aucun mouvement ne doit isoler l'individu de son cadre social et affectif.

JB : J'ai le plus grand respect pour les nouvelles propositions spirituelles, mais celles-ci doivent être authentiques et subir l'épreuve du temps, la seule qui permette de dire si le message est conjoncturel ou s'il est appelé à durer. La meilleure preuve de la pureté spirituelle, c'est qu'elle résiste au passage du temps.

Table

La photocomposition de cet ouvrage a été réalisée par
Graphic Hainaut - 59163 Condé-sur-l'Escaut

Impression réalisée par
CPI Brodard & Taupin
pour le compte des Éditions Robert Laffont
en avril 2013

N° d'édition : 53256/01 – N° d'impression : 73163
Dépôt légal : mai 2013
Imprimé en France